Seydlitz | Diercke

Geographie

Bayern 12
Lehrermaterial

Autorinnen und Autoren
Thomas Bauske,
Bayreuth
Andrea Döringer,
Zwiesel
Katharina Eckinger,
Deggendorf
Charly Hoenig,
München
Evelin Mederle,
Regensburg
Lutz E. Müller,
Traitsching

Schroedel®
westermann®

Druck A[1] / Jahr 2010
Alle Drucke der Serie A sind im Unterricht parallel verwendbar.

Redaktion: Lars Büttner
Satz: Ines Nové
Herstellung: Rosita Ahrend
Umschlaggestaltung: typocepta – Büro für Gestaltung, Köln
Druck und Bindung: westermann druck GmbH, Braunschweig

ISBN 978-3-507-**52058**-5 (Schroedel)
978-3-14-**191012**-X (Westermann)

Vorwort

Das vorliegende Heft enthält die Lösungen der Arbeitsaufträge und Fragen aus dem Schülerbuch „Seydlitz/Diercke Geographie Bayern 12“ (ISBN: 978-3-14-**52057**-8 oder 978-3-14-**151012**-6) sowie weiteres Servicematerial:

Den Aufgabenlösungen sind die jeweiligen Seitenzahlen und Aufgabennummern vorangestellt.
Zur besseren Orientierung sind auch die Kapitelüberschriften sowie die Überschrift der jeweiligen Doppelseite vermerkt. Zum Teil enthalten die Aufgabenlösungen Zusatzinformationen, die über den Unterrichtsstoff hinausgehen. Hinweise auf den Atlas beziehen sich auf die Ausgabe 2008 des Diercke Weltatlas.

Das Verlinkungssystem berücksichtigt sowohl die Ausgabe 2008 des Diercke Weltatlas als auch ältere Auflagen. Das Internetangebot www.diercke.de kann unabhängig vom Einsatz des Diercke Weltatlas in der Schule genutzt werden. Für die Nutzung des Diercke Globus online ist jedoch die Anmeldung als Premiumnutzer notwendig, die jeder Besitzer eines Diercke Weltatlas kostenlos vornehmen kann.

Hinweise zum Katalog relevanter Fachzeitschriftenartikel und zur Stoffverteilung finden sich auf den entsprechenden Seiten. Die Internetlinks am Ende des Lehrermaterials stellen eine geprüfte Sammlung wertvoller Zusatzmaterialien für den Unterricht oder zur Abiturvorbereitung dar, ohne Anspruch auf Vollständigkeit zu erheben.

Dieses Servicematerial ist ausschließlich für die Hand der Lehrerin oder des Lehrers bestimmt.

Mit freundlichen Grüßen
Bildungshaus Schulbuchverlage
Westermann Schroedel Diesterweg Schöningh Winklers GmbH
– Redaktion Geographie –

1. Lösungen zu den Aufgaben

Kapitel 1.1 – Merkmale und Ursachen globaler Entwicklungsunterschiede

Mehrere Welten – eine Welt?

9.1 Definition Orient:
Kulturerdteil in den subtropischen Trockenräumen Nordafrikas und Südwestasiens. Charakteristische Merkmale orientalischer Länder sind der Islam sowie eine auf Nomadismus, Bewässerungslandwirtschaft und hochentwickeltem Städtewesen beruhende Sozial- und Wirtschaftsordnung mit Jahrtausende alten Wurzeln. Neuerdings charakterisiert durch eine starke Überformung aufgrund der wirtschaftlichen Folgen der Ausbeutung der großen Erdölvorräte dieses Raumes.
(Quelle: Leser, H. u. a.: DIERCKE Wörterbuch der Allgemeinen Geographie, München 1985)

Problematik der Grenzziehung:
- Raum umfasst B- und C-Klimate (nach Siegmund/Frankenberg) – daher klimatisch keine Einheit
- Abgrenzung "Südwestasien" ungenau
- Islam auch in Süd- und Südostasien zu finden
- ähnliche Wirtschaftsordnungen auch in anderen Kulturerdteilen vorhanden
- Erdöl findet sich nicht in allen Staaten der Region

9.2 Zusammenfassung Huntington:
Kulturen (civilizations) definieren sich aus gemeinsame Elementen wie Sprache, Geschichte, Religion, Sitten und Institutionen. Sogenannte Kulturkreise haben allerdings keine klar umrissenen Grenzen, sie können eine oder mehrere politische Einheiten enthalten. Verschiedene Kulturen wirken aufeinander ein und überlagern sich: „In der Welt nach dem Kalten Krieg sind die wichtigsten Unterscheidungen zwischen Völkern nicht mehr ideologischer, politischer oder ökonomischer Art. Sie sind kultureller Art. [....] Die wichtigsten Gruppierungen sind nicht mehr die drei Blöcke aus der Zeit des Kalten Krieges, sondern die sieben oder acht großen Kulturen der Welt.“ (Quelle: S.23)
Nach Huntington existiert ein sinischer, japanischer, hinduistischer, islamischer, westlicher (Europa, Nordamerika und andere von Europäern besiedelte Länder), lateinamerikanischer, orthodoxer und evtl. afrikanischer Kulturkreis. Die philosophischen Voraussetzungen, Grundwerte, sozialen Beziehungen, Sitten und allgemeinen Weltanschauungen differieren von Kulturkreis zu Kulturkreis erheblich.
Die westliche Kultur basiert auf der Kombination von klassischer Kultur und Christentum, europäischen Sprachen, Trennung von Kirche und Staat, Rechtsstaatlichkeit und Individualismus bei Rechten und Freiheiten. Sie ist die erste Zivilisation, die sich „modernisierte“, gekennzeichnet durch Industrialisierung, Urbanisierung, Bildung, Wohlstand und soziale Mobilität. Die Expansion des Westens hat sowohl die Modernisierung als auch die „Verwestlichung“ anderer Kulturkreise gefördert. Diese reagierten auf drei Arten: Verweigerung von Modernisierung und Verwestlichung, Annahme von beidem, Annahme der ersteren und Verweigerung der letzteren. Die schwindende relative Macht des Westens und das zunehmende kulturelle Selbstbewusstsein anderer Kulturkreise erschweren die Beziehungen zwischen dem Westen und dem Rest. Unter Umständen kann es zu einer Auseinandersetzung kommen; zu einem sogenannten „Bruchlinienkonflikt“ zwischen benachbarten Staaten oder sozialen Gruppen innerhalb eines Staates mit unterschiedlichem kulturellem Hintergrund. Auf globaler Ebene ergeben sich der Theorie nach möglicherweise „Kernstaatenkonflikte“ (also zwischen den mächtigsten Staaten eines Kulturkreises) durch die Veränderungen des weltweiten Machtgleichgewichts. Die größten Konfliktpotenziale ergeben sich durch den Aufstieg Chinas zur beherrschen Macht Ost- und Südostasiens oder die Eskalation eines Bruchlinienkrieges zwischen islamischen und nichtislamischen Gruppen. „Im Kampf der Kulturen werden Europa und Amerika vereint marschieren müssen oder sie werden getrennt geschlagen“ (Quelle: S.529).
(Quelle: Huntington, S.P.: Kampf der Kulturen, Hamburg 2006)

Kritik an Huntingtons These (vgl. auch Ehlers, E. in Geographische Rundschau 1996, S.338–344):
- Kulturkreis Westen: Amerika / Europa / Australien nicht differenziert
- Afrika ist kein Kulturerdteil
- einseitige Betrachtung der Welt und deren Entwicklung aus Sicht der US-(Militär-)Politik; der Wettstreit der Kulturen muss nicht unbedingt zu kriegerischen Auseinandersetzungen führen

9.3 Die „Eine Welt"-Idee hat ihre Wurzel in der Erkenntnis, dass nur gemeinsames Handeln aller Staaten die Zukunft der Menschheit auf Dauer sichern kann. Allerdings sind die Vorstellungen davon, was vordringlich getan werden muss unterschiedlich und abhängig davon, welche Probleme als bedrohlich empfunden werden: Die Industrieländer sehen den Schwerpunkt in der Bewältigung von Umwelt- und Beschäftigungsproblemen, die Entwicklungsländer im Kampf gegen Hunger und Armut. Im Begriffspaar Umwelt und Entwicklung liegt für den „Westen" die Betonung mehr auf dem Wort „Umwelt", für die armen Länder der Erde auf dem Wort „Entwicklung".

Was ist Entwicklung?

11.1 Recherchegrundlage: Prozentangaben der Erwerbstätigen nach Wirtschaftssektoren (zum Beispiel nach Fischer Weltalmanach 2010):
Beispiele für „Agrargesellschaften": Äthiopien (80), Eritrea (76), Guinea (82), Kenia (74), DR Kongo (61), Laos (76), Madagaskar (78), Malawi (81), Nepal (93), Niger (87), Ruanda (90), Senegal (72), Tschad (71) – (Prozentangaben hinsichtlich primärer Sektor)
Beispiele für „Industriegesellschaften": Estland (34), Iran (45), Kroatien (30), Litauen (30), Malaysia (30), Mazedonien (32), Polen (30), Rumänien (30), Russische Föderation (30), Serbien (30), Singapur (30), Slowakei (34), Slowenien (34), Taiwan (33), Tschechische Republik (38), Tunesien (32), Ungarn (32) – (Prozentangaben hinsichtlich sekundärer Sektor)

11.2 Definition von Nachhaltigkeit:
Ursprüngliche Definition – ökologisch orientiert: der Ressourcenverbrauch zur Befriedigung der Bedürfnisse in der Gegenwart darf nur so hoch sein, dass die Lebensmöglichkeiten für künftige Generationen nicht eingeschränkt werden (Brundtland-Bericht, 1987).
Sozial orientierte Definition: selbstbestimmte Lebensführung durch eigene Arbeit, umweltverträgliche Befriedigung der Grundbedürfnisse, Chancengleichheit und gesellschaftliche Grundsicherung, aktive gesellschaftliche Teilhabe im Rahmen von Nachhaltigkeitsstrategien
Ökonomisch orientierte Definition: Funktionsfähigkeit des Wirtschaftssystems, Vollbeschäftigung und soziale Sicherung, Ausgleich zwischen den Generationen
(Quelle: Nohlen, D.: Lexikon Dritte Welt, Reinbek 2000)

11.3 Beispiele: Afghanistan, Iran, Irak, Mexiko, Myanmar, Pakistan, Somalia, Sudan
Recherchehinweise:
- Fischer Weltalmanach 2010 (unter: Themen der Welt)
- Engelhard, K. (Hg.): Welt im Wandel, Stuttgart 2001 (Kriege und Konflikte)
- Internet: www.omnia-weltimwandel.de

11.4 Tatsächlich lassen sich diverse Indikatoren für Unterentwicklung in Industriestaaten nachweisen. Zu nennen sind: Soziale und räumliche Disparitäten, Umweltprobleme (Boden, Wasser, Luft), grenzüberschreitende Migrationen, Ausbreitung von Pandemien, autoritäre Staatsformen, hohe Rüstungsausgaben und politische Instabilität

Entwicklung – Indikatoren und Klassifizierungen

13.1 Das BNE, bzw. BNE/Einwohner, stellt die (statistisch erfassten) Leistungen einer Volkswirtschaft dar (= „Pro-Kopf-Einkommen"). Es wird von der Weltbank in ihrem jährlich herausgegebenen "World Development Report" veröffentlicht.
Der HDI ist der Versuch der Vereinigten Nationen, über diese reine ökonomische Betrachtung zusätzlich soziale Komponenten für die Bewertung des Entwicklungsstandes heranzuziehen: Gesundheit und Ernährung werden durch die Lebenserwartung charakterisiert, der Bildungsgrad durch die Alphabetisierungs-, bzw. Einschulungsrate. Für die Einschätzung werden Daten verwendet, die weltweit verfügbar sind. Das Berechnungsverfahren wurde im Laufe der Jahre allerdings mehrfach verändert, so dass sich die Werte verschiedener Jahre nur schwer vergleichen lassen.

Hintergrundinformation – HDI

München – Beeindruckende Fjorde, unberührte Natur – keine Frage: Norwegen hat seine Reize. Dass es sich dort auch ausnehmend gut leben lässt, nämlich besser als in allen anderen Länder der Welt, das bescheinigt das Entwicklungsprogramm der Vereinten Nationen mit dem Human Development Index (HDI). Die jährliche Studie, die am Montag in Bangkok vorgestellt wurde, vergleicht seit 1990 die Lebensqualität der 182 UN-Mitgliedsstaaten. Deutschland liegt wie auch schon im Vorjahr auf Platz 22, weit hinter Frankreich, den Niederlanden und auch Großbritannien. „Das überrascht nicht im geringsten", sagt Stefan Bergheim, Direktor des Zentrums für gesellschaftlichen Fortschritt in Frankfurt. Der Index berechnet sich aus drei Kriterien: Materieller Wohlstand, gemessen am Bruttoinlandsprodukt pro Kopf, der Lebenserwartung und dem Bildungsstand. Dieser wird anhand der Alphabetisierungsrate und der Brutto-Schuleinschreibungsrate berechnet. „Dass die deutsche Wirtschaftsleistung in den vergangenen Jahren immer weiter hinter andere westeuropäische Länder zurückgefallen ist, ist kein Geheimnis", sagt Bergheim. „Durch die Krise könnte es sein, dass wir noch weiter zurückfallen." Auch in der Bildung knirsche es schon lange. „Von Skandinavien, aber auch von Ländern wie Spanien kann man sich da noch einiges abschauen." Die nächsten Länder, die an der Bundesrepublik vorbeiziehen könnten, sind Hong Kong, Singapur und Griechenland.

Doch lebt es sich hierzulande wirklich so viel schlechter als in Norwegen? „Nein", findet Roland Zieschank, Nachhaltigkeitsforscher am Otto-Suhr-Institut in Berlin. Er hält den Human Development Index nicht für das richtige Maß, um die Lebensqualität in Industrieländern zu vergleichen. „In den hochentwickelten Staaten geht es um wesentlich mehr als um den materiellen Wohlstand und die Anzahl der Menschen, die in die Schule gehen", sagt Zieschank. In den Industriestaaten müsse man vielmehr die Wohlfahrt statt des Wohlstandes messen. Hier spielten wesentlich mehr Faktoren wie etwa die soziale Sicherheit und das Gesundheitssystem eine Rolle. „Für eine Betrachtung der Entwicklungs- und Schwellenländer, wo viel elementarere Dinge wichtig sind, mag der Index vielleicht das richtige Maß sein." Für einen Vergleich von Deutschland und Norwegen sei er aber wenig hilfreich. Zudem wird der Umgang mit den Naturressourcen vernachlässigt. Damian Ludewig vom Forum Ökologisch-Soziale Marktwirtschaft in Berlin kritisiert deshalb den Index der Vereinten Nationen: „Der Umgang mit dem Naturkapital wird nicht miteinbezogen". So würde die Wirtschaftsleistung eines Landes steigen, das Erdöl exportiert. Doch die Schäden, die sich aus der Erdölförderung für Natur und Menschen ergeben, blieben bei der Bilanzierung außen vor. Das könne man sehr gut am Beispiel von Ecuador sehen, wo im Regenwald Erdöl gefördert werde und die Umweltschäden enorm seien. Zwar gesteht Ludewig ein, dass es strittig sei, wie man das Naturkapital exakt quantifiziert. Doch die Effekte des Wirtschaftswachstums auf die Natur nicht mit einzurechnen, sei auch nicht sinnvoll. Ludewig: „Gerade in China kann man beobachten, dass hohes Wirtschaftswachstum mit einhergehender Umweltzerstörung zu Wohlstandsverlust führen. Es ist ein Nullsummenspiel."

Obwohl solche Kritik am Index der Vereinten Nationen immer wieder laut wird, gibt es für Bergheim vom Zentrum für gesellschaftlichen Fortschritt bisher kein besseres Messverfahren, das alle Länder von Uganda bis zu den USA fair miteinander vergleicht. „Die drei Komponenten des Index sind auf jeden Fall besser als sich nur die Wirtschaftsleistung anzuschauen." Auf den Spitzenpositionen hinter dem skandinavischen Spitzenreiter residieren neben Australien und Kanada auch Island und Irland – jene Staaten, die wegen hoher Auslandsschulden zuletzt stark unter der Wirtschaftskrise zu leiden hatten. In dem Human Development Index spiegelt sich diese jüngste Entwicklung nicht wieder. Die aktuelle Studie basiert auf Daten von 2007. „Gerade Island und Irland werden in den nächsten Jahren einige Plätze verlieren", prophezeit Bergheim. China belegt mit Platz 92 von 182 Staaten einen Rang im Mittelfeld.

Das ärmste Land der Welt ist dem Bericht zufolge die Demokratische Republik Kongo mit einem durchschnittlichen Jahres-Pro-Kopf-Einkommen von 204 Euro. Am schlechtesten lebt es sich in Sierra Leone, Niger und den kriegsgeplagten Afghanistan. Hier liegt die Lebenserwartung nur bei 43,6 Jahren. Nur 28 Prozent der Menschen ab 15 Jahren können lesen und schreiben.

(Quelle: Süddeutsche Zeitung Nr. 229, 06.10.2009; Autoren: Miriam Olbrisch, Miguel A. Zamorano)

13.2 Individuelle Aufgabenlösung

Recherchehinweis: HDI im Internet: http://hdr.undp.org/en/statistics/data/

Zur Entwicklung der Einstufung informiert die Abbildung auf Seite 7:

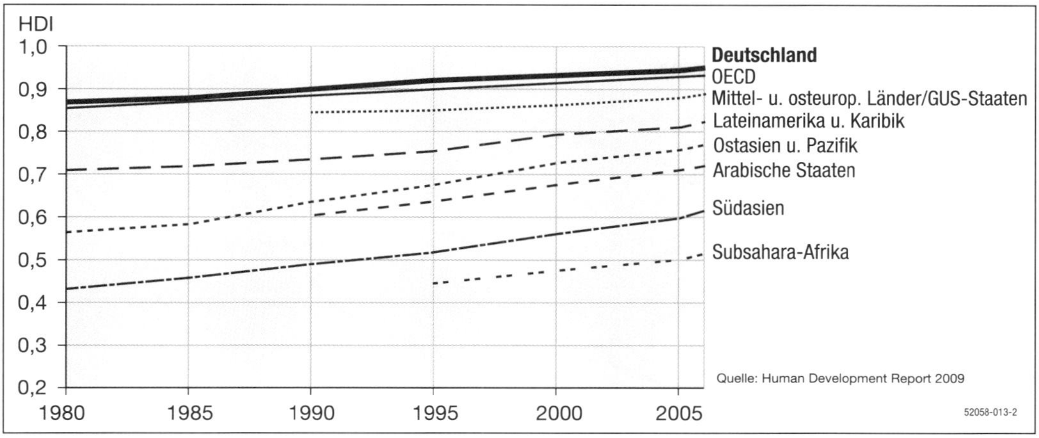

Quelle: Human Development Report 2009

52058-013-2

13.3 Berechnung HDI Deutschland 2007:
Lebenserwartung: (79,8 – 25)/(85 – 25) = 0,913
Alphabetenrate: (79,8 – 25)/(85 – 25) = 0,913
Einschulungsrate: 88,1/100 = 0,881
BNE/Einwohner: log(34 401 – 100)/log(39 900) = 0,985
Index: $(0{,}913 + \frac{2}{3} \bullet 0{,}99 + \frac{1}{3} \bullet 0{,}881 + 0{,}978)/3 = \underline{0{,}948}$

Arbeiten mit geographischen Informationssystemen
Zusatzinformation – Desktop-GIS
Mit sogenannter Desktop-GIS Software, also fest auf einem PC-Rechner installierten und vom Internet unabhängigen Geoinformationsprogrammen, nahm die Verbreitung von GIS an Schulen ebenso wie die einige Jahrzehnte zuvor beginnende Entwicklung von Geoinformationssystemen überhaupt, seinen Anfang. Dabei war der an der ALP Dillingen angesiedelte Lehrerarbeitskreis „GIS macht Schule" neben weiteren „Einzelkämpfern" in anderen Bundesländern federführend. Aus unterrichtlicher Sicht unterscheiden sich Desktop-GIS Programme von WebGIS-Angeboten vor allem durch die Möglichkeit, bestehende Daten editieren und neue Daten erzeugen zu können. Dies gilt sowohl für Sachdaten (Statistiken, Texte) als auch für Geometriedaten (Linien, Flächen, Punkte). Damit können alte Statistiken aktualisiert, zusätzliche Attribute eingetragen und bestehende Grenzen, Straßen oder Gewässer verändert bzw. neu eingezeichnet werden. Darüber hinaus weisen Desktop-GIS Programme auch höhere GIS-Funktionen auf, mit denen komplexe Verarbeitungen und Analysen durchgeführt werden (zum Beispiel Georeferenzierung, Verschneidung, Interpolation). An Schulen weit verbreitete Desktop-GIS Programme sind zum Beispiel ArcView/ArcGIS, Diercke GIS und Spatial Commander. Die höhere Komplexität bedingt es, dass Desktop-GIS Programme wesentlich höhere Anforderungen zur Einarbeitung stellen. Schließlich dienen sie dem beständigen und fortgeschrittenem Anwender. Soll es im Unterricht beim knappen Überblick über Anwendungsmöglichkeiten und Funktionsweise von GIS bleiben, empfielt sich, nicht zuletzt auch aus finanzieller Sicht, der Einsatz von Web-GIS-Programme.

Entwicklungstheorien
17.1 Zuordnung der Ansätze, die bei der Erläuterung berücksichtigt werden sollten:
M1: endogene Ursachen, Teufelskreis, Malthus
M2: endogene/exogene Ursachen, Modernisierung, Zentren-Peripherie-Modell, Theorie der fragmentierten Entwicklung
M3: endogene versus exogene Ursachen, Modernisierung versus Dependenz, duale Sozial- und Raumstrukturen, Zentren-Peripherie-Modell, Theorie der fragmentierten Entwicklung

17.2 Mögliche Konzepte (vgl. auch SB S.26 M1) für endogene Theorien: Grundversorgung der Menschen sichern, technischen Rückstand aufholen, soziale Reformen, Aufbau von Infrastruktur und Wirtschaft; ...für exogene Theorien: Abkoppelung vom Weltmarkt, (faire) Einbindung der Industrieländer in die globale Wirtschaft (Entwicklungshilfe, Joint-Ventures), Kopieren erfolgreicher Wirtschaftsmodelle.

Endogene Entwicklungshemmnisse

19.1 Mögliche Ergänzungen: Mangel an natürlichen Ressourcen, Bevölkerungswachstum, soziale und räumliche Disparitäten, bewaffnete Konflikte
Beispiel für graphische Umsetzung:

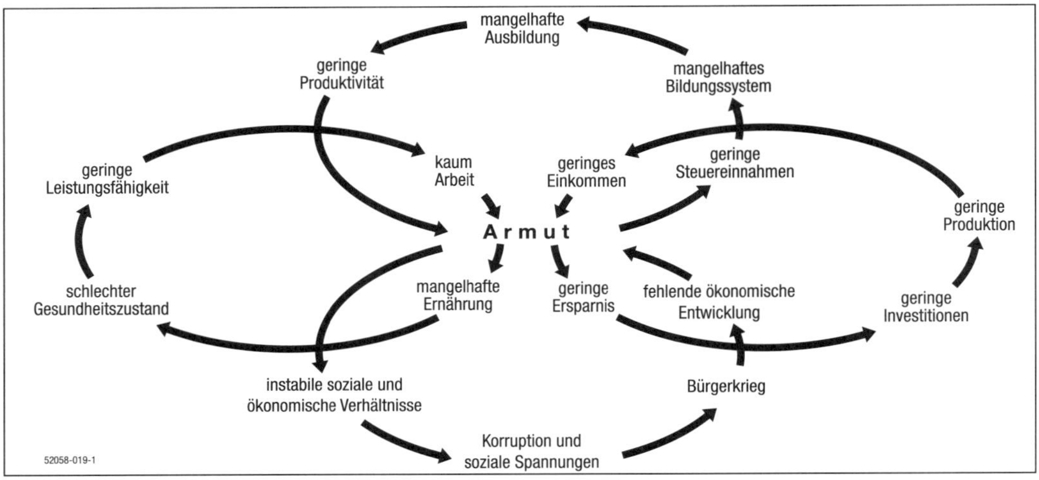

19.2 Das globale Nahrungsmittelangebot hat sich in den letzten 45 Jahren mehr als verdoppelt aber aufgrund des Bevölkerungswachstums beim Pro-Kopf Angebot nur um den Faktor 1,5 zugenommen. Dadurch sanken – mit Ausnahme des Zeitraums der Ölkrise – global gesehen die Nahrungsmittelpreise. Allerdings konnte die Getreideproduktion nicht in allen Regionen gesteigert werden, so dass die Anzahl der Unterernährten in den Entwicklungsländern nicht entscheidend gesenkt werden konnte.

19.3 Persönliche Situation: Unter- bzw. Mangelernährung, schlechter Gesundheitszustand, geschwächtes Immunsystem, geringe Leistungsfähigkeit
Sozioökonomische Rahmenbedingungen: Hungernde sind „unproduktive“ Mitglieder der Gesellschaft; diese verliert dadurch wichtige Teile ihres Entwicklungspotenzials

21.1 Die Arbeit der Frauen und ihre Stellung innerhalb der Familie werden gesellschaftlich nicht genügend wertgeschätzt. In zahlreichen Entwicklungsländern leisten die Frauen deutlich mehr Arbeit in der Landwirtschaft als die Männer und erbringen überdies durch ihre Versorgungs- und Erziehungsleistung in den Familien einen deutlich höheren Beitrag zur familären Sicherung und Entwicklung. Frauen haben somit einen sehr großen Einfluss auf die gesellschaftliche Entwicklung. Wenn es also um die Entwicklung und den Fortschritt in den Familien und damit im ganzen Land geht, sind die Frauen unverzichtbar. Neben der Stärkung ihrer Rechte ist auch die Anerkennung der gesellschaftlichen Arbeit, die von ihnen täglich geleistet wird, notwendig.

21.2 Individuelle Aufgabenlösung
Allgemein kann folgende Kurzfassung Anhaltspunkte liefern: In allen monotheistischen Religionen wird die Frau als „dem Manne untertan“ angesehen. Frauen/Mädchen sind in den meisten Religionen durch die vorhandenen Geschlechterrollen sozial und wirtschaftlich benachteiligt. In den Gründerphasen der Religionen agierten sie zum Teil noch, später wurden sie aber meist in eine untergeordnete Rolle zurückgedrängt. („Woman is the nigger of the world“ – John Lennon) Als gemeinsames Merkmal ist aber überall das mütterliche Prinzip vorhanden.
Buddhismus: Frauen werden respektiert, sie können Nonnen werden, aber nur in einer untergeordneten Stellung zu den Mönchen.
Christentum: Beide Geschlechter haben nach der Bibel das gleiche Ansehen vor Gott, ohne einander über- oder untergeordnet zu sein. Im Laufe der Geschichte wurde die Stellung der Frauen jedoch geschmälert. Sie sind heute den Männern untergeordnet, in der katholischen und orthodoxen Kirche haben sie keinen Zugang zum Priesteramt.

Hinduismus: In der Götterwelt bilden Frauen und Männer ein harmonisches Ganzes. Trotz heutiger gesetzlicher Gleichstellung gelten Frauen als Menschen minderer Kategorie. Zusätzlich wird die Differenzierung m/w überlagert von der Kastenzugehörigkeit. Bei der Heirat müssen die Brauteltern eine hohe Mitgift an die Eltern des Bräutigams bezahlen. Frauen können nicht Priester werden.
Islam: Vor Allah sind Männer und Frauen gleich. In den meisten islamischen Ländern haben Frauen jedoch nicht denselben Stellenwert wie Männer, sondern befinden sich eine Stufe unter diesen. Die Familie hat einen hohen Stellenwert, als Mutter gilt hier der Frau höchster Respekt, aber in der Öffentlichkeit haben männliche Machtstrukturen teilweise eine starke Benachteiligung bewirkt.
Judentum: Frauen haben ursprünglich die gleichen religiösen Rechte und Pflichten wie die Männer. In streng orthodoxen Gemeinden gelten patriarchalische Regeln, bei reformorientierten Juden ist das anders: im Beruf, Alltagsleben und Religion gibt es emanzipatorische Ansätze, seit dem 21. Jh. gibt es Rabbinerinnen.
Taoismus und Konfuzianismus: Vor allem im Konfuzianismus ist die Rolle der Frau beschränkt auf die der Hausmutter, mit den „idealen" Eigenschaften: Gehorsam, Geduld, Schweigen, Bescheidenheit, Selbstaufopferung
(Recherchehinweis: Die sechs Weltreligionen, Stern-Extra 5/2009)

21.3 Fehlende Nahrungsaufnahme einerseits, aber auch unzureichende Versorgung mit bestimmten Vitaminen und Spurenelementen (Mangelernährung) führen zu körperlichen und geistigen Entwicklungsstörungen, zu erhöhter Infektanfälligkeit und Mortalität.

21.4 Individuelle Aufgabenlösung
Ein geeignetes Beispiel für bad governance wäre Myanmar. Die völlige Abschottung des Landes durch eine Militärdiktatur (in der Presse wird diesbezüglich in unregelmäßigen Abständen über das Schicksal der Politikerin, Bürgerrechtlerin und Friedensnobelpreisträgerin Aung San Suu Kyi berichtet), verhindert eine positive wirtschaftliche Entwicklung des Landes.
Möglichkeiten der Einflussnahme: Handelsboykott, Einschaltung Vereinte Nationen, „Friedensmissionen", symbolische Handlungen wie zum Beispiel Preisverleihungen für Persönlichkeiten, die sich für Veränderungen einsetzen.

Exogene Einflüsse auf die Entwicklung
23.1 Individuelle Aufgabenlösung
Mögliche Aspekte: Grenzziehung führt zu bewaffneten Konflikten konkurrierender Bevölkerungsgruppen (Nigeria, Tschad, Sudan) oder zwischen Staaten; Europäische Sprachen, vor allem Englisch als offizielle Verkehrssprachen (Amtssprachen), Einführung wirtschaftlicher Strukturen, die sich teilweise bis heute erhalten haben, Verkehrsnetze auf Bedürfnisse der ehemaligen Kolonialherren zugeschnitten, Europäische Lebensweisen

23.2 Exporte erlauben die Teilnahme am Weltmarkt – je nach Wert oder Bedeutung des Rohstoffs. Bei monostrukturierten Exporten besteht bei agrarischen Rohstoffen die Gefahr des kompletten Ausfalls durch Naturkatastrophen oder Missernten. Weiterhin besteht eine komplette Abhängigkeit des gesamten Exports von schwankenden Weltmarktpreisen als Folge von Angebot und Nachfrage, Börsenspekulationen oder verändertem Konsumverhalten.

23.3 Individuelle Aufgabenlösung
Terms of Trade:
Entwicklung – dem Wert eines deutschen LKW (6-10t) entsprachen (jeweils Jahresdurchschnitt):

	1985	1992	1998	2000
Kaffee (t)	6	27	12	17
Bananen (t)	44	79	26	64
Kakao (t)	8	37	26	34
Teppiche (Anzahl)	49	133	144	173

Recherchehinweis: Vergleichende Indizes sind im Onlineangebot der Zentrale für Politische Bildung einzusehen: www.bpb.de/Wissen/Globalisierung/Ökonomische Teilhabe/Terms of Trade

Auslandsschulden:
Staaten mit höchsten Auslandsschulden 2007 (in Mio. US-$). In Klammern die Höhe der Zins- und Tilgungsleistungen (Schuldendienstquote) in % des BNE: China 373 635 (1,0); Türkei 251 477 (7,5); Brasilien 237 472 (4,3); Indien 220 956 (3,5); Mexiko 178 108 (4,0); Indonesien 140 783 (3,5)
Staaten mit den höchsten Schuldendienstquoten 2007 (in % des BNE): Liberia 112,1; Belize 54,2; Lettland 37,5; Kasachstan 29,7; Libanon 18,8; Kroatien 18,2; Seychellen 14,5; Jamaika 12,9; Polen 11,7; Bulgarien 10,8; Angola 9,4
(Quelle: Fischer Weltalmanach, Frankfurt/Main 2010)

Raumbeispiel: Niger
25.1 Zuordnungen
Exogene Faktoren: Kolonialzeit, postkoloniale Einflüsse, Nahrungsmittelhilfe, ausländische Firmen – Theorieansätze: Imperialismus, Dependenz, fragmentierte Entwicklung
Endogene Faktoren: Binnenlage, Naturraum und Landwirtschaft, Infrastruktur und soziale Situation – Theorieansätze: Geodeterminismus, Dualismus, fehlende Modernisierung

25.2 Niger ist ein „typisches" Entwicklungsland, weil eine große Zahl von Charakteristika von Entwicklungsländern auf Niger zutreffen. Hierzu gehören: niedriges BNE/E, Disparitäten der Einkommensverteilung, unzureichende Nahrungsmittelproduktion, Unterernährung und schlechter Gesundheitszustand der Bevölkerung, überdurchschnittliches Bevölkerungswachstum, hohe Arbeitslosigkeit, mangelhafte Infrastruktur (Verkehr, Kommunikation, Bildung, Gesundheit), wirtschaftliche Dominanz des primären Sektors, veraltete Produktionsmethoden, negative Handelsbilanz

25.3 HDI-Werte:
2000: 0,26
2005: 0,33
2007: 0,34 (Rang 182 unter 182 Staaten); 2007: Lebenserwartung 50,8 Jahre; Alphabetenrate (über 15-Jährige) 28 %; BNE/E (in KKP) 627 US-$
(Quelle: HDR-2009-EN-Indicators, UN-Veröffentlichung)

25.4 Grundmerkmale der Stammesgruppen, basierend auf ihrer geographischen Verbreitung:
Norden: Tuareg, teilweise Tubu – Kamelnomaden der Wüste; Bevölkerung am Rohstoffabbau nicht beteiligt, daher eher geringe Entwicklungspotenziale
Mitte: Tuareg und Araber sowie Fulbe – Nomaden der Sahelzone, infolge der sich ausbreitenden Desertifikation müssen sie nach Süden „ausweichen"
Süden: Sesshafte Volksgruppen wie Kanuri oder Haussa – Weidewirtschaft und Ackerbauern in der semiariden Sahel- und Sudanzone, hohe Bevölkerungsdichte, Perspektive: Landnutzungskonkurrenzen bei zunehmenden Bevölkerungszahlen

Disparitäten ausgleichen – Entwicklungsstrategien
28.1 Die Strategien in M1 (SB S. 26) präsentieren im Vergleich zu M4 Einzelbetrachtungen. In M4 werden demgegenüber die Verknüpfung der einzelnen Bereiche und die damit verbundene Abhängigkeit der einzelnen Zielstellungen von Entwicklungsstrategien deutlich. Die Schwerpunkte der Entwicklungsstrategien sind grundsätzlich unterschiedlich und ähneln sich nur in der Grundidee – dem Ausgleich von Disparitäten. Die einzelnen Strategien können alleine nicht zum Ziel führen, sondern sind im Interesse einer nachhaltigen Entwicklung nur als Gesamtlösung erfolgversprechend.

28.2 Ziel der Grundbedürfnisstrategie ist die Absicherung der grundlegenden menschlichen Bedürfnisse, wie zum Beispiel Nahrung, Obdach und Kleidung. Dabei sind Partizipation, Selbstorganisation und Eigenverantwortung der betroffenen Menschen wichtige Bestandteile. Da noch etwa 70 Prozent der Bevölkerung in den Entwicklungsländern auf dem Land leben, sollte dort ein Schwerpunkt der Grundbedürfnisstrategie liegen. Folgende Prinzipien gelten allgemein: Rückgriff auf lokale Traditionen und Kenntnisse, Rohstoffe und Arbeitskräfte; respektvolle Beratung bei fehlenden technologischen, medizinischen, ökonomischen und ökologischen Kenntnissen; schonender Eingriff in den Naturhaushalt.

Überblick zu den Aufgabenfeldern in Tabelle:

Aufgabenfelder im Rahmen von Grundbedürfnisstrategien	
Ländliche Räume	Städtische Bereiche
Ausbau der sozialen Infrastruktur, Ausbau der technischen Infrastruktur, Aufbau neuer, exportorientierter Wirtschaftsbereiche	
= Allgemeine Ziele	

Ländliche Räume	Städtische Bereiche
Reformen im Agrarsektor (Erschließung von Landreserven, Landbesitzreformen, Bodennutzung, Aufbau regionaler Märkte und Verteilungssysteme)	Ausweitung der Produktions- und Exportpalette (Exportdiversifikation) im Industrie- und Dienstleistungsbereich
Sicherung Selbstversorgung mit Nahrungsmitteln	Förderung des informellen Sektors
Ausfuhr von Exportgütern des Agrarbereichs	Nahrungsmittelversorgung durch Förderung von lokalen Märkten und Verteilungssystemen
= Spezifische Aufgabenfelder	

28.3 Individuelle Aufgabenlösung
Nachhaltige Entwicklung dient der Bedürfnisbefriedigung der jetzigen Generation ohne die Möglichkeiten künftiger Generationen zu gefährden. Entsprechend sind gegenwärtige Bedürfnisse zu begrenzen bzw. zu hinterfragen. Ein Beispiel für ein Projekt, das in einen derartigen Kontext gesetzt werden kann, ist die Grameen Bank, wo Menschen mit Hilfe von Kleinkrediten, die sie zeitnah zurückzahlen müssen, ihre Lebensgrundlage sichern können. Im Vergleich zur allgemeinen Staatsverschuldung, die auf nächste Generationen übertragen wird, ist diese Entwicklung nachhaltig, u. a. auch wegen der langfristigen Verbesserung der finanziellen Situation der Menschen.

28.4 Das Projekt der Rural Women's Bank in Indien (Tamil Nadu) ist positiv zu beurteilen, da durch die Vergabe von Darlehen an Frauen, die sich in Kleinkooperativen zusammengeschlossen haben, ein funktionsfähiges System zur Verbesserung der wirtschaftlichen Verhältnisse im ländlichen Raum Indiens entsteht. Besonders wichtig ist die Verbesserung der Situation der Frauen, die eine wichtige Rolle in der Verringerung von Entwicklungsrückständen innehaben. Die Frauen entscheiden eigenverantwortlich über die Verwendung der Gelder und bürgen im Rahmen der Kooperativen für deren Rückzahlung. Damit entspricht dieses Vorgehen dem Recht auf eigene Entwicklungswege, fördert die Kreativität der Menschen und begrenzt weltwirtschaftliche Einflüsse.

28.5 Individuelle Aufgabenlösung
Der Schwerpunkt sollte auf der zweiten Antwort von Prof. Scholz liegen, da den Schülerinnen und Schülern somit die Wichtigkeit der Entwicklungszusammenarbeit (EZ) als Lernziel nahe gebracht wird: Professor Fred Scholz hat recht mit seiner Aussage, dass wir in den Industrieländern auf Kosten der Entwicklungsländer gelebt haben und leben. Es ist für uns selbstverständlich, Nahrungsmittel (Bananen, Kaffee), Rohstoffe (Nickel) und die billige Arbeitskraft (Herstellung von Textilien) zu nutzen. Aus diesem Grund haben wir auch die Verpflichtung zur Entwicklungszusammenarbeit bzw. sollten mehr zu fair trade-Produkten greifen.

28.6 Individuelle Aufgabenlösung
Recherchehinweis: www.bmz.de/laender/partnerlaender/tansania/index.html
(weitere Verlinkung: Entwicklungszusammenarbeit/Situation und Zusammenarbeit oder Beispiele)
Kernpunkte der nationalen Strategie:
- 2005 neue Armutsbekämpfungsstrategie für fünf Jahre erarbeitet, für 2010 ist Fortschreibung geplant
- zentrale Punkte sind Wirtschaftswachstum, Überwindung der Einkommensarmut, Steigerung der Lebensqualität, Verbesserung von Regierungsführung

Kernpunkte der tansanisch-deutschen Entwicklungszusammenarbeit:
- orientiert sich an nationaler Strategie und konzentriert sich auf Wasserversorgung und Abwassermanagement, Gesundheitswesen (einschließlich HIV/AIDS-Prävention) sowie Dezentralisierung und kommunale Selbstverwaltung
- Projektname: Water for Life Programme

Ziel: Verbesserte Trinkwasser- und Sanitärversorgung, Reduzierung wasserinduzierter Krankheiten, Verringerung von Armut in der tansanischen Bevölkerung
Strategie: Unterstützung des Wasserministeriums bei der Umsetzung von Sektorreformen, Institutionenförderung, Kapazitätsaufbau, Beratung und Fortbildung kommerzieller Wasserversorger, Ausrichtung aller Maßnahmen auf den gemeinsamen Programmansatz der Gebergemeinschaft
Deutscher Beitrag: 44 Millionen Euro
Geplante Laufzeit: 2009 bis 2012

Vergleich: Die aktuelle Strategie eignet sich besser als die bislang mehr oder weniger allein verfolgte Strategie der Wachstumspole, da den Menschen vor Ort gezielt geholfen wird und positive Ergebnisse kurzfristiger zu erreichen sind.

Disparitäten ausgleichen – Entwicklungspolitik und Entwicklungszusammenarbeit
31.1 Hauptziel der deutschen und der internationalen Entwicklungszusammenarbeit (EZ) besteht in einer nachhaltigen und gerechten Gestaltung der globalen Strukturen. Dabei können vier Zieldimensionen unterschieden werden, die in einem engen Zusammenhang stehen. In einem Bereich allein lassen sich keine Erfolge erzielen, wenn die Wechselwirkungen mit den anderen Bereichen außer Acht gelassen werden. Die Zieldimensionen der deutschen Entwicklungszusammenarbeit sind soziale Gerechtigkeit (sozialer Ausgleich, soziale Grunddienste, armutsmindernde Rahmenbedingungen), wirtschaftliche Leistungsfähigkeit (Handel und Finanzsystem, armutsminderndes Wachstum, wirtschaftliche Zusammenarbeit), ökologische Nachhaltigkeit (Umwelt- und Ressourcenschutz, Schutz der biologischen Vielfalt, Förderung regenerativer Energien). Diese Zieldimensionen bilden die drei Säulen der Nachhaltigkeit formuliert bei der UN-Konferenz Umwelt und Entwicklung in Rio de Janeiro. Eine weitere Zieldimension ist die politische Stabilität (Gleichstellung beider Geschlechter, Menschenrechte, Demokratie, Frieden).
Die Grundprinzipien der deutschen Entwicklungspolitik (EP) orientieren sich an den Werten Beachtung der Menschenrechte, Beteiligung der Bevölkerung an politischen Entscheidungen, Rechtsstaatlichkeit und Gewährung von Rechtssicherheit, Schaffung einer marktwirtschaftlichen und sozialorientierten Wirtschaft und die Entwicklungsorientierung staatlichen Handelns. Damit fehlen grundsätzlich die Förderung der Eigendynamik und -verantwortung.

31.2 Unter dem Begriff „Entwicklungszusammenarbeit“ ist das gemeinsame Bemühen von Industrieländern und Entwicklungsländern zu verstehen, weltweite Unterschiede in der sozioökonomischen Entwicklung und in den allgemeinen Lebensbedingungen dauerhaft und nachhaltig abzubauen. Hauptziel ist die Verringerung der Merkmale der Unterentwicklung.
Seit den 1990er-Jahren löst die partnerschaftlich orientierte Entwicklungszusammenarbeit den Begriff „Entwicklungshilfe“ ab. Im Gegensatz zur Entwicklungszusammenarbeit war Entwicklungshilfe besonders in der ersten Phase wenig oder überhaupt nicht von partnerschaftlicher Gleichberechtigung, sondern eher von der dominierenden Rolle des Fachwissens und des Reichtums geprägt. Der neue Begriff soll verdeutlichen, dass es sich nicht um ein Abhängigkeitsverhältnis der Form handelt, dass der „Reichere“ dem „Ärmeren“ etwas abgibt, was möglicherweise zu Diskriminierung und Minderwertigkeitsgefühlen führen kann. „Zusammenarbeit“ drückt aus, dass es sich um gleichberechtigte Partner handelt, die eine bestimmte Beziehung eingehen, von der beide profitieren.
Diese Zusammenarbeit kann nicht dem Zufall überlassen werden, sondern muss zielgerichtet erfolgen, damit sich auch Erfolge einstellen können. Dabei ist die Entwicklungspolitik ein komplexer Bereich, der mit anderen Politikbereichen, wie der Finanz-, der Wirtschafts- oder der Außenpolitik, verknüpft ist. Die unterschiedlichen Ebenen (globale, nationale, regionale und lokale) haben über die ökonomische, ökologische, politisch-institutionelle und soziokulturelle Dimension Auswirkungen auf die räumlichen Entwicklungsprozesse. Die Geschichte (Ausbeutung durch die Kolonialmächte) macht eine Hilfe von außen notwendig, da eine eigenständige Entwicklung politisch bis in die zweite Hälfte des 20. Jh. nicht geduldet wurde und viele Ressourcen ausgebeutet waren. Zusätzlich sind viele Strukturen aus der Zeit der Kolonialismus von den neuen Machthabern übernommen worden; die Unabhängigkeit führte oftmals nicht zum Wohle des ganzen Volkes. Hier beginnen auch die Grenzen der Entwicklungszusammenarbeit, denn ohne Änderung innerer Strukturen in den Entwicklungsländern selbst (Stichworte: Demokratisierung, Modernisierung) wird sich keine nachhaltig positive Entwicklung einstellen – Bad Governance vs. Good Governance.

31.3 Individuelle Aufgabenlösung
Leistungen, die ein Land im Rahmen der Entwicklungszusammenarbeit einem Entwicklungsland oder einer Gruppe von Entwicklungsländern direkt gewährt, werden als bilaterale Entwicklungszusammenarbeit bezeichnet. Der Vorteil dieser Form der Entwicklungszusammenarbeit liegt darin, dass der Mitteleinsatz direkt verfolgt werden kann. Ein Nachteil ist, dass häufig nationale Interessen des „Geberlandes" zu stark zum Tragen kommen. Entrichtet ein Land Beiträge an eine in der Entwicklungszusammenarbeit tätige Organisation, dann bezeichnet man dies als multilaterale Entwicklungszusammenarbeit. Diese hat den Vorteil, dass alle „Nehmerländer" gleich behandelt werden. Ein Nachteil liegt in einem meist relativ hohen bürokratischen Aufwand. Staatliche Leistungen werden zum Beispiel über die GTZ (Deutsche Gesellschaft für technische Zusammenarbeit) organisiert und private Leistungen über unterschiedliche Nichtregierungsorganisationen, die unterschiedliche Ziele verfolgen (Brot für die Welt, Ärzte ohne Grenzen, LAG Mali). Für private Geber ist dabei eine gezielte Auswahl des Einsatzes der Mittel nachvollziehbar.

31.4 Die öffentliche Entwicklungshilfe im Jahr 2005 lag nur bei den Ländern Luxemburg, Dänemark, Norwegen, Schweden und Niederlande über der Marke von 0,7 % des Bruttonationaleinkommens, auf das sich alle hoch entwickelten Industriestaaten bereits 1970 verpflichtet haben. Alle anderen Länder liegen unter dieser Marke (Deutschland bei ca. 0,35 % des BSP) und stellen demnach zu wenig Mittel bereit. Die Länder der EU wollen dieser Verpflichtung bis 2015 gerecht werden.

31.5 Die Ausgaben des Bundesministeriums für wirtschaftliche Zusammenarbeit und Entwicklung (BMZ) haben sich seit dem Jahr 2003 von 1,46 % bis 2008 auf 1,81 % des Bundeshaushaltes gesteigert. Im Vergleich dazu erhielt das Bundesministerium für Verteidigung einen Anteil von ca. 10,4 % und das Bundesministerium für Arbeit und Soziales ca. 43,8 %. Im Jahr 2009 beliefen sich die Ausgaben auf ca. 2 % für das BMZ, wobei das Bundesministerium für Verteidigung einen Anteil von ca. 14,7 % und das Bundesministerium für Arbeit und Soziales 42,83 % erhielt.

Bundeshaushalt 2009 – Einzelplanübersicht (Ausgaben)			
Einzelpläne	**Soll 2008** Mio. €	**Entwurf 2009** Mio. €	**Veränderung gegenüber Vorjahr** in Prozent
Bundespräsident und Bundespräsidialamt	24,88	27,63	11
Deutscher Bundestag	632,5	667,29	5,5
Bundesrat	21,7	21,28	-1,9
Bundeskanzlerin und Bundeskanzleramt	1 749,41	1 793,16	2,5
Auswärtiges Amt	2 858,93	2 930,59	2,5
Bundesministerium des Innern	5 065,76	5 598,43	10,5
Bundesministerium der Justiz	468,49	500,45	6,8
Bundesministerium der Finanzen	4 648,05	4 866,85	4,7
Bundesministerium für Wirtschaft und Technologie	6 191,87	6 371,38	2,9
Bundesministerium für Ernährung, Landwirtschaft und Verbraucherschutz	5 280,31	5 289,76	0,2
Bundesministerium für Arbeit und Soziales	124 041,04	123 522,48	-0,4
Bundesministerium für Verkehr, Bau und Stadtentwicklung	24 390,57	25 594,75	4,9

Bundeshaushalt 2009 – Einzelplanübersicht (Ausgaben)			
Einzelpläne	**Soll 2008** Mio. €	**Entwurf 2009** Mio. €	**Veränderung gegenüber Vorjahr** in Prozent
Bundesministerium der Verteidigung	29 450,47	31 093,00	5,6
Bundesministerium für Gesundheit	2 898,60	4 450,49	53,5
Bundesministerium für Umwelt, Naturschutz und Reaktorsicherheit	846,97	1 324,15	56,3
Bundesministerium für Familie, Senioren, Frauen und Jugend	6 209,53	6 147,23	-1
Bundesverfassungsgericht	21,59	22,93	6,2
Bundesrechnungshof	111,22	116,64	4,9
Bundesministerium für wirtschaftliche Zusammenarbeit und Entwicklung	**5 134,59**	**5 772,00**	**12,4**
Bundesministerium für Bildung und Forschung	9 350,64	10 080,28	7,8
Bundesschuld	42 936,65	42 450,43	-1,1
Allgemeine Finanzverwaltung	10 866,24	9 758,80	-10,2
Insgesamt	283 200,00	288 400,00	1,8

Differenzen durch Rundung möglich

Gründe für wesentliche Abweichungen:
Bundesministerium für Gesundheit: Mehr wegen des stufenweisen Anwachsens des Bundeszuschusses gem. GKV-Wettbewerbsstärkungsgesetz

Bundesministerium für Umwelt, Naturschutz und Reaktorsicherheit: Mehr wegen erstmaliger Veranschlagung der durch Einnahmen aus der Veräußerung von CO_2-Zertifikaten gegenfinanzierten Ausgaben für Klimaschutz

Quelle: Bundesfinanzministerium

31.6 Individuelle Aufgabenlösung
Hintergrund: Das von Andrew Mwenda stammende Zitat macht deutlich, dass viele Afrikaner die Entwicklungshilfe negativ sehen. Zwar werden humanitäre Erfolge erzielt, etwa durch die Bereitstellung von sauberem Trinkwasser; andererseits „zerstört sie jedoch den wichtigsten Mechanismus, der langfristig Armut beseitigen könnte." (Volker Seitz – Afrika wird armregiert oder Wie man Afrika wirklich helfen kann, 2009, S. 24): Entwicklungszusammenarbeit kann nur als positiv beurteilt werden, wenn Eigeninitiative und Mitwirkung der Menschen vor Ort gefördert werden und eine sich selbst tragende Entwicklung beginnt. Ansonsten richtet sich der Staat nach den Interessen der Geberländer (Vergleiche zum Beispiel die Rolle Chinas in Afrika) und die Situation der eigenen Bevölkerung verbessert sich nicht.

Freiwilligendienst im Ausland – Was wollen wir für eine bessere und gerechtere Welt tun?
33.1 Recherchehinweis: www.weltwaerts.de
(Zusammenstellung der wichtigsten Informationen auf Seite 15.)

Die Ziele von weltwärts
„Lernen durch tatkräftiges Helfen“ ist das Motto des Freiwilligendienstes. weltwärts soll das Engagement für die Eine Welt nachhaltig fördern und versteht sich als Lerndienst, der jungen Menschen einen interkulturellen Austausch in Entwicklungsländern ermöglicht. Durch die Arbeit mit den Projektpartnern vor Ort in den Entwicklungsländern sollen die Freiwilligen unter anderem lernen, globale Abhängigkeiten und Wechselwirkungen besser zu verstehen. Den Projektpartnern soll der Einsatz im Sinne der Hilfe zur Selbsthilfe zugute kommen. weltwärts soll gegenseitige Verständigung, Achtung und Toleranz fördern: Gemeinsames Arbeiten und Lernen kennt weder Rassismus noch Ausgrenzung. Der neue Freiwilligendienst wird einen wichtigen Beitrag zur entwicklungspolitischen Informations- und Bildungsarbeit leisten und den Nachwuchs im entwicklungspolitischen Berufsfeld fördern.

Die Akteure bei weltwärts
weltwärts wird durch das Bundesministerium für wirtschaftliche Zusammenarbeit und Entwicklung (BMZ) finanziert und von einer Vielzahl von zivilgesellschaftlichen Entsendeorganisation im partnerschaftlichen Dialog mit den Projektpartnern vor Ort durchgeführt.

Entwicklungspolitisches Engagement
Die Bereitschaft zum entwicklungspolitischen Engagement ist sowohl vor als auch nach dem Auslandseinsatz erwünscht. Für ein entwicklungspolitisches Engagement vor dem Auslandsaufenthalt stellen die Entsendeorganisationen unterschiedliche Angebote bereit: Zum Beispiel die Präsentation eines Projekts in der Öffentlichkeit, das Verfassen von Projektberichten für regionale Zeitungen oder die Betreuung eines Informationsstands bei einer Veranstaltung. Ein solches Engagement ist ausdrücklich erwünscht. Nach dem Auslandsaufenthalt werden vor allem im Rahmen der Nachbereitungsseminare Möglichkeiten zu einem weiterführenden Engagement angeboten. Dabei kann auch der weltwärts-Fonds finanzielle Unterstützung bieten.
(Quelle: www.weltwaerts.de)

Der Vergleich der Bewerberanforderungen mit den eigenen Voraussetzungen ist eine individuelle Aufgabe.

33.2 Der Nutzen der jugendlichen „Entwicklungshelfer“ scheint für die Aufnahmeländer doch sehr begrenzt, denn nicht näher qualifizierte Jugendliche stellen keine substantielle Hilfe dar. Zweifel am „Entwicklungsnutzen“ sind daher sicher berechtigt. Mangelnde Fachkompetenz und der Betreuungsbedarf der Freiwilligen stellen womöglich eher einen Substanzverlust in der Entwicklungszusammenarbeit dar. Größere Programme, Organisationen oder Politikberatung in Richtung auf „good governance“ dürften zumeist keine geeigneten Einsatzfelder für die Jugendlichen darstellen. Im Gegenzug ist der persönliche Nutzen durch einen bereicherten Lebenslauf offensichtlich. Die Teilnahme an einem solchen Programm kann in verschiedener Hinsicht positiv gewertet werden: Fähigkeit zur Anpassung an schwierige Bedingungen, Ertragen der Ungewissheit offener Situationen, Flexibilität, Offenheit und Innovationsbereitschaft. Dies darf aber nicht darüber hinwegtäuschen, dass junge Menschen eher auf Augenhöhe helfen und zu einer Völkerverständigung beitragen wollen. Die Entbehrungen und Belastungen während des Aufenthalts wiegen weder den „Durst nach Abenteuerlust“ noch den „getunten“ Lebenslauf auf.
(Erfahrungsberichte unter: www.weltwaerts.de / „Ich will weltwärts gehen“/ Erfahrungsberichte)
Grundsätzlich positiv zu werten ist, dass die deutschen Freiwilligen nach ihrer Rückkehr ihre Erfahrungen oft einem breiten Publikum zugänglich machen, so dass insgesamt die Völkerverständigung und die Einsicht in die Notwendigkeit der Entwicklungszusammenarbeit gefördert werden. Relativ bescheidene 70 Millionen € (bei ca. 5,81 Mrd. € Jahresetat der Entwicklungszusammenarbeit 2009) können daher durchaus als eine gute Investition in Solidarität und Mitverantwortung gewertet werden.

33.3 Hilfreiche Recherchefragen: Name des Programms, Träger, Entsendeorganisation, Zugangsvoraussetzungen (sprachliche, finanzielle, etc.), Einsatzdauer, Finanzierung, Einsatzbedingungen

Auch unter www.weltwaerts.de/„Ich will weltwärts gehen“/Entsendeorganisationen/Deutschlandkarte finden sich Beispiele aus sechs bayerischen Regierungsbezirken: Brasilien der Karmeliten, Bamberg; KJA Bistum Würzburg /BDKJ Diözesanverband Würzburg; Mission EineWelt, Centrum für Partnerschaft, Entwicklung und Mission der Evangelisch-Lutherischen Kirche in Bayern, Neuendettelsau; Ayúdame – Hilf mir Sonthofen e.V., Diözese Passau – Referat Weltkirche; Bayerische Sportjugend (BSJ) im BLSV, München, so dass je nach Region eine individuelle Aufgabenlösung mit Heimatbezug möglich ist.

33.4 Ergebnisoffene Gruppendiskussion als individuelle Aufgabenlösung
(Informationen: vgl. Antwort zu Frage 33.2)
Gegebenenfalls auch als Rollenspiel denkbar –
Teilnehmer: Vertreter von Entsendeorganisation oder BMZ, Deutscher Jugendliche, Regierungsvertreter eines unterentwickelten Landes, Jugendliche eines unterentwickelten Landes.

Raumbeispiel 1: Malaysia – Schwellenland auf dem Weg zum Industrieland
35.1 Malaysias Staatsgebiet ist verteilt über Teile der Halbinsel Malakka und der Insel Borneo mit dem höchsten Punkt Kinabalu (4101 m). Die Küstengebiete sind im Vergleich zum Hinterland gut nutzbar, da die Reliefenergie gering ist. Malaysia liegt in den inneren Tropen (Äquatoriale Zone nach Neef/Flohn) und ist durch das Tageszeitenklima gekennzeichnet. Ausreichend Niederschläge und ganzjährig konstante Temperaturen bieten gute Bedingungen für die Landwirtschaft. Die lateritischen Böden wirken allerdings agrarwirtschaftlich stark einschränkend. Vorkommen von Eisenerzen, Zinn, Gold, Bauxit, Holz, Erdgas und Erdöl werden abgebaut/gefördert.
(Lösung zum Beispiel mit Diercke Weltatlas Seiten 147, 178, 180, 230, 235, 239)

35.2 Individuelle Aufgabenlösung
Beispiele: Handelszentrum zwischen Indien und China bereits im 10. Jh., ab dem 15. Jh. Kolonialisierung durch Portugal, Niederlande und Großbritannien, britische Herrschaft seit 1874, Zusammenfassung der vier Sultanate Pahang, Selangor, Perak und Negeri Sembilan zu den Föderierten Malaiischen Staaten 1896 unter dem Kommissar von Singapur, Besetzung durch Japan im II. Weltkrieg, Unabhängigkeit ab 1957 von Großbritannien als Förderation Malaya, Veränderungen des Staatsgebietes bis 1965 durch territoriale Ansprüche der Nachbarn und Eigenständigkeit Singapurs.

35.3 Eingesetzte Strategien: Industrialisierung/Modernisierung nachholen sowie Good Governance

35.4 Durch die Schaffung des Multimedia Super Corridor (MSC) bereits im Jahr 1996 hat Malaysia die Grundlagen für die Multimediabranche geschaffen und war so für das 21. Jh. gerüstet. Die South Jahor Economic Region (SJER) ab Ende 2006 liefert einen weiteren Baustein zur Bildung der Wissensgesellschaft in Malaysia. Die Weltwirtschaftskrise (Banken-, Finanz- und Wirtschaftskrise ab 2007) hemmt die Phase 2 und 3 (vgl. SB S. 35 M6), so dass es eine Verzögerung über das Jahr 2020 hinaus geben kann, bis Malaysia das selbst gesteckte Ziel erreicht, zu den führenden Technologienationen zu gehören.

35.5 Nachteil: Große Abhängigkeit von der Weltwirtschaftslage
Vorteile sind Ressourcen, niedrige Lohnkosten, Möglichkeiten der technologieintensiveren Fertigung, politische Stabilität (v.a. vor dem Hintergrund der Unruhen in Thailand 2010), hochwertige Infrastruktur durch MSC und SJER

Raumbeispiel 2: Mali – Erste deutliche Fortschritte eines Entwicklungslandes
37.1 Nach seiner Unabhängigkeit von Frankreich am 22.09.1960 (Nationalfeiertag) war Mali eine Republik mit Präsidialdemokratie nach französischem Muster. Im Jahr 1968 gelang General Moussa Traoré durch einen Putsch an die Macht. Erst nach Unruhen 1991 kam es zu demokratischen Reformen und Schaffung einer Verfassung; Wandel vom Einparteienstaat zum Mehrparteiensystem. Seit der Wende 1991/92 spricht man von der „dritten Republik“. 1992 wurde Dr. Alpha Oumar Konaré zum Präsidenten gewählt. 2002 gewann die Wahl Amadou Toumani Touré; wurde 2007 für eine letzte Amtsperiode in friedlich verlaufenden Wahlen wiedergewählt. Das Land gilt als politisch stabil und innerhalb der krisenanfälligen Region Westafrikas als Hoffnungsträger für Frieden und Entwicklung.

37.2 Mali liegt im Bereich des Sahels und ist rund 3,5 mal so groß wie Deutschland. Durch die große N-S-Ausdehnung hat das Land Anteil an der Sahara im Norden, die mehr als die Hälfte der Landesfläche einnimmt. Der Desertifikationsprozess führt zu einer Ausbreitung der Halbwüste aus Richtung Norden. Landwirtschaftliche Produktion erfolgt nur in der Südhälfte des Landes und entlang der Flüsse. Die abnehmenden Niederschläge der einfachen Regenzeit von S nach N und die Zunahme der ariden Monate fordern regional unterschiedliche Maßnahmen zur Verbesserung der Nahrungsmittelversorgung.
(Lösung zum Beispiel mit Diercke Weltatlas Seiten 132, 133, 138, 142.)

37.3 Tabelle zum Vergleich:

	Mali	**Deutschland**	**Malaysia**
Staatsfläche [km²]	1.240.192	357.022	329,847
Bevölkerung 2009 (Mio.)	13,01	82,17	27,47
Bevölkerungsdichte (Einw./km²)	10	230	83
Jährliches Bevölkerungswachstum 2005 - 2010 (%)	2,40 %	-0,10 %	1,70 %
Altersstruktur (Prozent)	< 15J.: 44,2 %; > 60 J.: 3,8 %	< 15J.: 13,5 %; > 60 J.: 25,7 %	< 15J.: 29,5 %; > 60 J.: 7,5 %
Geburtenrate 2005 – 2010 (Promille)	49,15 ‰	8,1 ‰	20,5 ‰
Sterberate 2005 – 2010 (Promille)	15,8 ‰	10,3 ‰	4,5 ‰
durchschnittliche Lebenserwartung bei Geburt 2005 – 2010	männlich k.A.	männlich 77,1	männlich 72,0
	weiblich k.A.	weiblich 82,4	weiblich 76,7
durchschnittliche Säuglingssterblichkeit auf 1000 Lebendgeburten 2005 – 2010	120	4,1	8,9
Festnetztelefon je 1000 Einw.	6 (Mobil 64)	624 (Mobil 1299)	159 (Mobil 1004)
Internetnutzer je 1000 Einw.	4,4	757	625
Ärzte je 10.000 Einw.	0,3	34	7
AIDS-Rate je 100.000 Einw.	1100	69	391

37.4 Eingesetzte Entwicklungsstrategien:
Industrialisierung/Modernisierung nachholen, Grundbedürfnisbefriedigung, Good Governance

37.5 Individuelle Aufgabenlösung
Beispiel: Projekt zur Sicherung der Trinkwasserversorgung:
http://www.bmz.de/de/laender/partnerlaender/mali/projekte/mali_trinkwasserversorgung.html

37.6 Individuelle Aufgabenlösung
Beispiel: Kommune Dombila – Projekt 2009 – 2011 für Ernährungssicherung/Ressourcenschutz:
http://www.lag-malihilfe.de/dombila.htm

37.7 Zum einen liegen unterschiedliche naturräumliche Potentiale vor, insbesondere hinsichtlich Klima und Ressourcen (Beispiele: Mali – allein Abbau von Gold möglich) [vgl. SB S. 35 Aufgabe 1 und zum Beispiel Diercke Weltatlas S. 142]. Zum anderen hat Malaysia eine kontinuierliche politische Entwicklung vollzogen und kann aufgrund der Lage in SO-Asien „Fühlungsvorteile" geltend machen. Die Entwicklungspotentiale sind – trotz aller Fortschritte und der Vorbildwirkung Malis – in Malaysia positiver zu beurteilen und die Entwicklung vom Schwellenland zum Industrieland ist dort greifbarer als die Entwicklung Malis vom Entwicklungsland zum Schwellenland.

Kapitel 1.2 Bevölkerungsentwicklung und Verstädterung

Bevölkerungsverteilung auf der Erde

41.1 Ökumene: Bezeichnung für die dauerhaft oder zeitweilig besiedelte Gebiete des Festlandes und der Inseln (fast die gesamte USA, Mittelamerika, Inseln der Karibik, Küstenräume in Südamerika und Afrika, Niloase, Europa, nördlicher und südlicher Teil Sibiriens, Vorderasien, Arabische Halbinsel, Indien, Ostsibirien, ostasiatischer Raum, Südostasien, Ost- und Südküste Australiens)
Anökumene: Bezeichnung für die völlig unbewohnten Räume der Erde (Kanadischer Schild und Kanadischer Archipel, große Teile des Amazonasgebiets und Patagoniens, nördlicher Teil Grönlands, Zentralafrika, die Hochgebirge Asiens, Zentralsibirien, die Wüsten Australiens, Antarktis)

41.2 Nordamerika: Es zeigen sich riesige, weitgehend unbesiedelte Gebiete in Alaska, Kanada sowie in den trockenen Beckenlandschaften der USA. In den USA gibt es, insbesondere an den Küsten, einige Hotspots der Bevölkerung mit hohen Populationsdichten. Der Ostteil der USA kann bis in die Great Plains hinein als relativ dicht besiedelt bezeichnet werden. Der Westteil ist hingegen insgesamt durch eine geringe Besiedlungsdichte gekennzeichnet. Hotspots sind hier nur im Raum Seattle und Los Angeles/San Francisco zu finden. Kanada ist im südlichen Teil gering besiedelt und weist im Raum Toronto einen Hotspot der Bevölkerungsdichte auf. Alle weiteren Teile Kanadas sind nur äußerst gering besiedelt. Der Bevölkerungsschwerpunkt Nordamerikas liegt insgesamt betrachtet im Südosten des Teilkontinents.
Südamerika: Patagonien sowie die Regenwaldgebiete des Amazonas und des Orinoko bilden riesige dünn besiedelte bis unbesiedelte Gebiete. Um diese Gebiete herum ist der Kontinent mäßig bis dicht besiedelt. Schwerpunkte der Bevölkerung finden sich an der Ostküste Brasiliens sowie an der Westküste im Bereich von Peru, Ecuador und Kolumbien. Ausgeprägte Hotspots finden sich nicht.
Europa: Der Kontinent ist dicht besiedelt. Für ganz Mitteleuropa und Westeuropa ist eine hohe Besiedlungsdichte kennzeichnend, diverse Hotspots eingeschlossen. Mittlere Bevölkerungsdichten finden sich auf der iberischen Halbinsel, in Ost- und Südosteuropa. Lediglich die nordischen Teile der skandinavischen Halbinsel, bzw. Norwegen sind nur gering bevölkert.
Afrika: Die Wüsten- und Regenwaldgebiete bilden riesige, weitgehend unbewohnte Regionen. Äußerst dicht ist das Gebiet rund um den Lauf des Nils in Ägypten besiedelt. Der Rest des Kontinents bildet ein Muster aus gering bis mäßig besiedelten Regionen. Besiedlungsschwerpunkt liegen noch im subsaharischen Raum Westafrikas, in Südafrika, Äthiopien sowie im Bereich des ostafrikanischen Grabenbruchsystems. Vereinzelt finden sich in diesen Gebieten einige Hotspots der Bevölkerungsdichte (zumeist Hauptstädte).
Asien: Der Kontinent zeigt riesige, weitgehend unbewohnte Gebiete in Sibirien, der Gobi, Tibet/Himalaya sowie den Wüstenregionen Zentralasiens und der Arabischen Halbinsel. Im Gegensatz dazu befinden sich entlang von Flusssystemen in China und Indien die am dichtesten besiedelten Gebiete der Welt. Weitere Bevölkerungsschwerpunkte finden sich in Japan sowie dem indonesischen Inselarchipel. Die riesigen Steppengebiete Russlands sind mäßig dicht besiedelt.
Australien: der Kontinent wirkt wie Kanada als weitgehend unbesiedelter Raum mit einzelnen schmalen Streifen der Bevölkerung entlang der Küsten. Sydney und Melbourne bilden Schwerpunkte der Bevölkerungsdichte.

Globaler Überblick:
Räume > 200 Einw./km²: vor allem entlang von Küsten und Flüssen (Ostküste USA und entlang der Großen Seen, Haiti, Niloase, Gangestiefland, Ostküste Chinas bis Shanghai, entlang des Yangtse, Gebiet um Xi'an/Lanzhou, Südostküste Japans, Java)
Räume 1–9 Einw./km²: im Innern der Kontinente
Räume mit 0 Einw./km²: Gebiete nördlich 60°N und Teile der Sahara

41.3 Naturräumliche Voraussetzungen:
Sowohl in Südamerika als auch in Afrika können Gebiete wie Regenwälder, Wüsten oder Hochgebirge nur eingeschränkt besiedelt werden. Eine Ausnahme bildet hier die Niloase, die durch die Möglichkeit der Bewässerung zum Gunstgebiet wird.
Historische und wirtschaftliche Faktoren:
Kolonialzeitlich bedingt waren und sind die Küstenräume beider Kontinente als Handelsstützpunkte dichter besiedelt. Diese sind auch noch heute bevorzugt, da in den großen Städten Arbeitsmöglichkeiten vorhanden sind und sich somit die Landflucht verstärkt.

41.4 Die Karte des Worldmappers (M2) stellt die Staaten entsprechend der Gesamtbevölkerungszahl dar. Somit nimmt China als der bevölkerungsreichste Staat der Erde auch die größte Fläche ein. M1 ist differenzierter, da hier die Bevölkerungsdichte regional unterschieden wird. Die Abbildung differenziert daher die räumliche Verteilung der Bevölkerung beim „Bevölkerungsriesen" China (M2).

41.5 In Deutschland gehört keine Region der Anökumene an. Aufgrund der positiven naturräumlichen Ausstattung sind alle Gebiete, einschließlich der Alpen, besiedelt. Siedlungsschwerpunkte bilden die alt- und neu industrialisierten Räume. Der hohe Entwicklungsstand des Landes bewirkt außerdem eine hohe Zuwanderungsrate. Bevölkerungsdichte: 230 Einw./km². In Indien bewirkt insbesondere die hohe Geburtenrate (24 %) eine hohe Bevölkerungsdichte (324 Einw./km²).

Globale Bevölkerungsentwicklung

43.1 Die Weltbevölkerung umfasste im Jahr 2008 ca. 6,8 Mrd. Menschen und wächst derzeit um ca. 80 Mio. pro Jahr. Die Verdopplung der Bevölkerungszahl erfolgt in immer kürzeren Zeitabschnitten. Innerhalb des 20. Jh.s hatte sich die Weltbevölkerung fast vervierfacht.

Die drei Varianten divergieren im Jahr 2005 mit Blick auf die Entwicklung bis 2050. Entsprechend der konstanten Variante (Fertilitätsrate 2,7) würde die Weltbevölkerung weiter auf 11,7 Mrd. Menschen wachsen. In der mittleren Variante erwartet die UNO bis 2050 bei einer Fertilitätsrate von 1,85 ca. 9,1 Mrd. Menschen und damit einen Rückgang in den Zuwachsraten, was sich in einer vergleichsweise geringeren Bevölkerungszahl im Jahr 2050 ausdrücken würde. In der niedrigen Variante hingegen (Fertilitätsrate 1,5) würde die Weltbevölkerung bereits nach dem Jahr 2040 zu sinken beginnen. Einordnung: Somit ist die konstante Variante mit einer hohen Wachstumsrate der III. Phase des Modells zuzuordnen. Da die mittlere Variante einen mäßigen Bevölkerungsrückgang prognostiziert, entspricht dies der V. Phase, ebenso wie die untere Variante, bei der der Bevölkerungsrückgang noch weiter zunimmt.

43.2 Industrieländer: Bis 1800 bleibt die natürliche Wachstumsrate auf einem nahezu stationären, niedrigen Niveau (I. Phase). 1800 bis 1880 sinkt die Sterberate deutlich, die Geburtenrate bleibt jedoch auf ungefähr dem gleichen Niveau (II. Phase = Bevölkerungsanstieg). Ab ca. 1880 bis 1970 ist ein deutlicher Rückgang sowohl der Geburten- als auch der Sterberate zu verzeichnen. Dies widerspricht der III. Phase des Modells, da hier die Sterberate nur mäßig absinkt. Ab 1970 sinkt die Geburtenrate, bei gleich bleibender Sterberate, weiterhin und wird dann in die V. Phase mit einem Negativwachstum eintreten.

Entwicklungsländer: Von 1975 bis 1850 bleibt die natürliche Wachstumsrate bis auf einen Rückgang der Sterberate um 1825 auf gleichem Niveau (Phase I). Die Geburtenrate bleibt bis 1925 weiterhin konstant hoch, während die Sterberate stark zurückgeht (Phase II). Nach 1925 sinkt auch die Geburtenrate bis heute kontinuierlich und die Sterberate weist einen sehr starken Rückgang von 1940 bis 1975 auf. Danach steigt sie wieder schwach an. Somit erreicht die natürliche Wachstumsrate ca. 1970 ihren Maximalbetrag (Phase III). Setzt sich diese Entwicklung kontinuierlich fort, so werden auch die Entwicklungsländer ab ca. dem Jahr 2050 ein Negativwachstum aufweisen.

43.3 Individuelle Aufgabenlösung

Zu verwendende Begriffe:

- Geburtenrate: Zahl der Lebendgeburten pro 1000 Einw./Jahr
- Sterberate: Zahl der Todesfälle pro 1000 Einw./Jahr
- Wachstumsrate: Geburtenrate minus Sterberate
- Säuglingssterblichkeit: Anzahl der Todesfälle bei Säuglingen im ersten Lebensjahr pro 1000 Lebendgeborene
- Gesamtfertilitätsrate: Zahl der Kinder, die eine Frau in ihrem Leben im Alter von 15 bis 49 Jahren gebärt
- Lebenserwartung bei Geburt: auf der Grundlage heutiger Sterberaten berechneter Durchschnittswert für Neugeborene
- Bevölkerungsdynamik: Geschwindigkeit des Anwachsens oder Schrumpfens der Bevölkerungszahl eines Landes oder einer Region
- natürliches Bevölkerungswachstum: Differenz zwischen Anzahl an Geburten und Todesfällen

Vergleich – Bevölkerungsentwicklung in Industrie- und Entwicklungsländern

46.1 (a) Besonderheiten und Wachstumsschwerpunkte:
M1: Die Wachstumsschwerpunkte liegen bis auf Afghanistan und der Arabischen Halbinsel in Schwarzafrika.
M6 gibt eine Auswahl von Staaten. Hier verzeichnen Kenia und El Salvador die höchsten Wachstumsraten.
M7 präsentiert einen anderen räumlichen Maßstab. Hier wird erkennbar, dass bei allen Varianten Asien das höchste Bevölkerungswachstum verzeichnet.
(b) In M1 ist Deutschland dreimal so groß wie Australien dargestellt. Dies liegt am Verhältnis der Größe des Landes zur Einwohnerzahl. Deutschland hat mit einer Fläche von 357 022km² 82,2 Mio. Einwohner, in Australien kommen auf eine Fläche von 7,7 Mio.km² (mehr als 20mal die Fläche Deutschlands) nur 20,6 Mio. Einwohner (ca. ¼ der Bewohner Deutschlands).
(c) Hier sind vor allem die geringe Lebenserwartung von 47 Jahren, die auf die hohe AIDS-Infektionsrate zurückzuführen ist und die hohe Kindersterblichkeit von 7.1 % zu nennen.
Recherchehinweis: www.suedafrika.net

46.2 Zwischen einzelnen Staaten und Staatengruppen bestehen sehr deutliche Entwicklungsunterschiede in wirtschaftlicher, sozialer und in demographischer Hinsicht. Im demographischen Bereich werden sie besonders in den großen Unterschieden in der Lebenserwartung, der Geburtenrate, der Sterberate, der Wachstumsrate und der Fruchtbarkeitsrate deutlich.
Vergleichbar sind in M5 und M6 die Länder Frankreich, Italien und Indien. Während die Einwohner Frankreichs und Italiens eine durchschnittliche Lebenserwartung von 79 Jahren aufweisen, werden die Einwohner Indiens durchschnittlich nur 63 Jahre alt; das ist ein durchschnittlicher Unterschied von 16 Jahren. Die Geburtenrate liegt in den europäischen Ländern bei 10 bzw. 12 ‰, in Indien dagegen bei 24 ‰, während die Sterberate ungefähr gleich ist. Somit ist die Wachstumsrate in Indien um ca. 15 ‰ höher, ebenso wie die Fruchtbarkeitsrate (1,3 bzw. 1,9 zu 3,1). Grundlage hierfür sind die unterschiedlichen ökonomischen Verhältnisse (verbreitete Armut), die sich wiederum in unterschiedlichen sozialen Verhältnissen niederschlagen (soziale Stellung der Frau, Familienplanung).

46.3 Allein aufgrund der Gesamtfertilitätsrate ist die künftige Entwicklung der Bevölkerung nicht eindeutig prognostizierbar. Hierzu müssen auch noch die Annahme über die Mortalität und regional die Migration berücksichtigt werden. Abbildung M2 auf SB Seite 44 geht davon aus, dass zukünftig eine Abnahme der Weltbevölkerung eintritt, auch wenn in den Industrieländern die Fertilitätsrate leicht zunimmt. Dies wird bedingt durch die auch in Zukunft starke Abnahme der Fertilitätsrate in den Entwicklungsländern und den weniger entwickelten Ländern.

47.1 Die „Pyramide“ ist kennzeichnend für eine wachsende Bevölkerung, denn jeder Jahrgang Neugeborener ist größer als der vorhergehende. Bei der „Glockenform“ bleiben die Geburtenraten über Jahre fast gleich hoch. Da dies auch für die Sterberaten feststellbar ist, bleiben die Wachstumsraten und damit die Bevölkerungszahlen eher konstant. Bei der „Urne“ und noch mehr beim „Pilz“ nehmen die Geburtenraten von Jahr zu Jahr ab. Die früher höheren Geburtenraten zeigen sich in der großen Anzahl mittlerer Jahrgänge. Insgesamt ist eine Abnahme der Bevölkerung zu verzeichnen. Beim „Pilz“ vergreist die Gesellschaft allmählich.

Die Aufgaben, die sich für Entwicklungs- und Industrieländer aus dem Bevölkerungswachstum ergeben, sind sehr unterschiedlich. Auf der einen Seite muss durch den Anstieg der Bevölkerungszahl im Allgemeinen eine stärkere Versorgungsleistung erbracht werden, auf der anderen Seite werden durch den Rückgang und die Alterung der Bevölkerung ggf. die sozialen Systeme stärker belastet. Im Einzelnen müssen in einer Gesellschaft mit zunehmender Bevölkerungszahl zusätzliche Bildungs-, Ausbildungs- und Arbeitsplätze geschaffen werden. Mehr Menschen brauchen auch mehr Nahrungsmittel. Um diese zu erzeugen, werden die landwirtschaftlich nutzbaren Flächen vielfach in Grenzertragsregionen (Böden, Niederschlag, Temperatur, Relief) hinein ausgedehnt. Dies erhöht die ökologische Belastung und bringt Ökosysteme durch Erosion, Überschwemmung, Grundwasserabsenkung, Abholzung, Raubbau in Gefahr. Neben der Erweiterung der landwirtschaftlichen Produktion erfolgt auch ein Ausbau der industriellen Produktion. Auch dieser geht vielfach zu Lasten der Umwelt und der Menschen, weil eine ausreichende Gesetzgebung und effiziente Kontrolle für umweltgerechte und nachhaltige Produktion vielfach fehlen.

In den Industrieländern mit durchweg geringem oder negativem Bevölkerungswachstum kommen zu einer Reihe von Problemen, die aus einer hoch produktiven Landwirtschaft und Industrie stammen, die Probleme der Belastung der Sozialsysteme und der Neuordnung des Raumes hinzu. Die Sozialsysteme werden im Wesentlichen dadurch belastet, dass immer weniger Menschen in sie einzahlen und immer mehr Menschen von ihnen profitieren. Eine Neuordnung des Raumes ist u. a. deshalb nötig, weil die Versorgungs- und Infrastruktureinrichtungen, wie zum Beispiel Wohnungen, die ehemals auf eine größere Bevölkerungszahl ausgerichtet waren, jetzt zurückgefahren werden müssen. Außerdem könnte es zu einem Mangel an Arbeits- und Fachkräften und somit auch zu einem Rückgang der Steuereinnahmen kommen.

47.2 Die wirtschaftliche Basis der gesetzlichen Rentenversicherung ist in Deutschland der so genannte Generationenvertrag; die heute Berufstätigen finanzieren durch ihre Beiträge die Rente der Älteren – in der Erwartung, dass die kommende Generation dann später die Renten für sie aufbringt. Allerdings werden keine Rücklagen gebildet. Wer also heute Rente bekommt, hat seine Beiträge nicht angespart, sondern bereits für die Generation seiner Eltern bezahlt. Die Höhe der Renten und der Beiträge zur Rentenversicherung hängt von der Entwicklung der Altersstruktur ab – bereits im Jahr 2030 wird jeder dritte Deutsche über 60 Jahre alt sein. Wenn also im Jahr 2010 325 Arbeitnehmer die Bezüge von 100 Rentnern finanzieren, werden im Jahr 2030 nur mehr 220 Arbeitnehmer 100 Rentner ernähren müssen. Zuwanderer wirken in Maßen der schlechten demographischen Entwicklung in Deutschland entgegen: Zum einen ist bei ihnen die Geburtenrate durchweg höher als bei den Deutschen, was zu einer Verbesserung der natürlichen Bevölkerungsentwicklung beiträgt, zum anderen ist der Anteil junger Menschen unter den Zuwanderern relativ hoch. Somit wirken sie der starken Alterung der Bevölkerung etwas entgegen. Allerdings reicht der derzeitige positive Wanderungssaldo von jährlich rund 200 000 Einwanderern nicht mehr, um den natürlichen Bevölkerungsverlust auszugleichen. Er müsste bei 300 000 im Jahr 2020 und bei 500 000 im Jahr 2050 liegen. Das sind Zahlen, mit denen die Integrationsfähigkeit unserer Gesellschaft sicherlich überlastet wäre. Hinzu kommt, dass die positiven Auswirkungen auf unsere Sozialsysteme bereits seit dem Ende der 1980er-Jahre bereits ins Gegenteil gekehrt wurden: Zum einen ist der Anteil der Erwerbsfähigen unter den Zuwanderern durch nachkommende Familienangehörige kontinuierlich gesunken, zum anderen ist die Arbeitslosenrate bei Zuwanderern deutlich höher als bei Deutschen.

47.3 Individuelle Aufgabenlösung
Recherchehinweis: Die genaue Internetadresse lautet:
http://www.konsulate.de/zahlen_und_fakten/daten_und_fakten_nigeria.php
Hier finden sich aufbauend auf dem World Fact Book des CIA, das für weitere Recherchen genutzt werden sollte, wichtige Kennzahlen zur ökonomischen und sozialen Situation des Landes. Für eine Recherche der einzelnen Problemfelder bietet es sich an, in der Suchmaske des Browser das bestimmte Problemfeld und Nigeria einzutragen. Erfahrungsgemäß ergeben sich viele Links bzw. Recherchemöglichkeiten.

Globales Bevölkerungswachstum und Tragfähigkeit
49.1 Der Begriff der Tragfähigkeit impliziert, dass unter gegebenen natürlichen Rahmenbedingungen nur eine bestimmte Menge an Pflanzen für die Herstellung von Nahrungsmitteln produziert bzw. eine bestimmte Menge an Vieh ernährt werden kann. Nur ein bestimmter Flächenanteil der Erde eignet sich hierfür. Bildlich gesprochen, kann diese zur Verfügung stehende entsprechende Fläche Menschen bzw. Tiere „tragen". Weiden auf einer gegebenen Fläche mehr Tiere als diese tragen kann, so spricht man von Überweidung. Ist eine Bevölkerung zahlreicher als die für ihre Ernährung zur Verfügung stehende Fläche, so spricht man von Überbevölkerung. Übernutzung und Überweidung führen beide zur Degradation des Bodens, bisweilen zur Desertifikation.

49.2 Im Szenario 12 wird „nachhaltiges Verhalten ab 2015" vorausgesetzt. Dies führt zu einem deutlich veränderten Kurvenverlauf der einzelnen Parameter. Zum einen erreichen sie alle höhere Spitzenwerte, zum anderen wird, etwas zwischen 2060 und 2070, bis auf den Verlauf der Umweltverschmutzung die Absinkbewegung gebremst oder in einen erneuten Anstieg (Nahrungsmittelerzeugung) umgewandelt. Das „nachhaltige Verhalten" führt unter anderem zu einem Anstieg bei der landwirtschaftlichen und industriellen Produktion. Diese ermöglicht einen erneuten, leichten Anstieg der Bevölkerung, lässt die Umweltverschmutzung dank des Einsatzes moderner Technik aber weiterhin sinken.

49.3 Individuelle Aufgabenlösung

Bevölkerungspolitik für das 21. Jahrhundert

51.1 Auf der Weltbevölkerungskonferenz von Kairo verabschiedeten die 179 teilnehmenden Staaten 1994 ein umfassendes Aktionsprogramm für die nächsten 20 Jahre. Es verbindet Bevölkerungs-, Entwicklungs- und Frauenrechtspolitik. Das Programm verpflichtet die Regierungen dazu, weltweit in Sexualaufklärung und reproduktive Gesundheit zu investieren und jedem Menschen den Zugang zu Aufklärung, Verhütungsmitteln und entsprechender Gesundheitsversorgung zu ermöglichen, darunter auch die Betreuung bei Schwangerschaft und Geburt sowie der Schutz vor sexuell übertragbaren Krankheiten wie HIV/AIDS. Auf der Konferenz von Peking – „Peking+5" im Juni 2000 – wurde erneut betont, dass die volle und gleichberechtigte Gewährleistung aller Menschenrechte und Grundfreiheiten für Frauen und Mädchen ein vorrangiges Anliegen der Staatengemeinschaft ist. Im September 2000 kamen Vertreter von 189 Ländern zu einem Gipfeltreffen in New York zusammen. Als Ergebnis des Treffens verabschiedeten sie die Millenniumserklärung (Ziele siehe M3).

51.2 (a) Individuelle Aufgabenlösung

(b) Der Abbau patriarchalischer Strukturen in sogenannten „Macho-Kulturen", geschlechterspezifische Diskriminierung sowie die Schaffung von Chancengleichheit ist seit der Konferenz von Kairo von großer Bedeutung. Ein Zwischenbericht der Weltbank für den UN-Sondergipfel „Frauen 2000" bestätigt die Richtigkeit des eingeschlagenen Weges: In einer interdisziplinären Studie ergab sich, dass Länder mit geringen Unterschieden zwischen Männern und Frauen hinsichtlich Erziehung, Beschäftigung und Eigentumsrechten nicht nur mit weniger Unterernährung und Kindersterblichkeit zu kämpfen haben, sie werden auch verantwortlicher und mit weniger Korruption regiert, entwickeln sich schneller und zeigen weniger Umweltschäden. Insbesondere der Bildung der Frauen kommt hier eine entscheidende Bedeutung zu, da sie die Verantwortung für Familienplanung, Gesundheit und Hygiene tragen.

51.3 Individuelle Aufgabenlösung

Genannt (und diskutiert) werden können zum Beispiel: Diskussion um Ausbau der Kinderbetreuung (Vereinbarkeit von Familie und Beruf), Erhöhung des Kindergeldes, familienorientierte Steuersysteme

Bevölkerungsmobilität (Migration)

53.1 Die Push-Faktoren beziehen sich auf die Verhältnisse, denen die Migranten in ihrer Heimat zu entfliehen versuchen. Die Bedingungen am Herkunftsort werden als bedrohend oder unerträglich empfunden und zwingen sie, ihr Dorf, die Region oder das Land zu verlassen. Die Pull-Faktoren stehen für die Hoffnung, in der Zielregion bessere Lebensbedingungen vorzufinden bzw. sich schaffen zu können.

53.2 Individuelle Aufgabenlösung

Kernaussage: Wirtschaftliche Disparitäten stehen letztlich für Entwicklungsunterschiede. Entsprechend bilden sich „Pole", die mit Push oder Pull-Faktoren ausgestattet sind. Sie sind Auslöser für Migrationen. Wirtschaftliche Disparitäten und Migrationsbewegungen verhalten sich daher gleichförmig zueinander: Stärker ausgeprägte wirtschaftliche Disparitäten bilden die Basis für ein größeres Migrationspotenzial.

53.3 Mögliche Kombination können aus den folgenden Aufzählungen heraus erfolgen:

Entwicklungsländer: Zu den Pushfaktoren der internationalen Migration zählen Armut, eine hohe Arbeitslosigkeit, schlechte Verdienstmöglichkeiten, fehlende Arbeitsalternativen, der Niedergang der Subsistenzwirtschaft und damit einhergehend niedriges Einkommen in der Landwirtschaft, ein starkes Bevölkerungswachstum, der Mangel an medizinischer Versorgung, ein geringes Bildungsniveau, Krisen, Bürgerkriege, Drogenkriege und internationale Konflikte, Verfolgung und Diskriminierung, die Auflösung der Großfamilie, die Verschlechterung des Lebensraums durch Klimawandel und Naturkatastrophen sowie nicht zuletzt Neugier und geweckte Erwartungen.

Industrieländer: Zu den Pullfaktoren zählen bessere Verdienstmöglichkeiten, ein großes Arbeitsplatzangebot, ggf. die Möglichkeiten des informellen Sektors, die Verbesserung der Lebensbedingungen, die Existenzsicherung, Bildungsmöglichkeiten, ggf. Familienzusammenführung, Frieden, politisches Asyl und die Aussicht auf ein selbst bestimmtes Leben. Auch die Vereinfachung der Reisebedingungen und der Informationsbeschaffung (u. a. durch das Internet) zählen zu den Pullfaktoren.

55.1 Die vorliegende Karte zeigt die wichtigsten Migrations- und Flüchtlingsströme seit 1990. Flüchtlingsströme sind demnach eher ein kleinräumiges Phänomen. Betroffen sind vorwiegend Staaten mit Binnenflüchtlingen. Die hier am stärksten betroffenen Länder sind neben einigen ost-, zentral- und westafrikanischen Ländern auch der Irak, Afghanistan und Kolumbien. Migrationsströme erstrecken sich in der Regel über größere Entfernungen. Herausragende Ziele sind neben USA/Kanada und Russland auch Europa und Australien.

Zweiter Teil der Aufgabe: Individuelle Aufgabenlösung
Beispiel: Wie die Karte zeigt, gibt es zahlreiche Migrationsströme. Beispielhaft soll der zwischen Afrika und Europa beleuchtet werden. Eine von insgesamt drei Haupteinfallsrouten nach Westeuropa verläuft über Marokko und die Meerenge von Gibraltar, an ihrer schmalsten Stelle nur 14,2 Kilometer breit. Der nordafrikanische Küstenstaat hat eine direkte Grenze mit den beiden spanischen Exklaven Ceuta und Melilla. In Marokko warten Tausende von Afrikanern darauf, legal, das heißt mit Papieren, nach Spanien einreisen oder, im weit überwiegenden Teil, illegal die Straße von Gibraltar überqueren oder spanische Territorien außerhalb des spanischen Festlandes, wie z. B. die Kanarischen Inseln, erreichen zu können. Die Menschen kommen aus ganz Afrika, vornehmlich aber aus Westafrika, um auf dem gelobten Kontinent ein Vielfaches ihres Hungerlohnes von daheim zu bekommen. Sie haben häufig Tausende von Kilometern zurückgelegt: zu Fuß, auf dem Rücken von Kamelen, mit Bussen, per Anhalter. Jedes Jahr verlieren über tausend Menschen ihr Leben auf dem gefährlichen Weg nach Marokko. Viele verdursten in der Sahara, viele werden von Räubern umgebracht, viele verschwinden für immer in den Netzen von Menschenhändlern.
Diejenigen, die trotz aller Hindernisse auf der anderen, der europäischen Seite ankommen, führen in Spanien das gefährliche Leben der „sin papeles", der Papierlosen. Viele von ihnen schlagen sich weiter nach Norden, nach Frankreich, Deutschland oder Großbritannien durch, viele bleiben aber auch in Andalusien. Hier schuften sie bei bis zu 60 °C auf den Gemüsefeldern und in den Treibhäusern. Dreimal pro Jahr wird hier mit ihrer Hilfe rund eine Million Tonnen an Melonen, Zucchini, Tomaten und anderem Gemüse für das vom Klima weniger begünstigte Resteuropa geerntet. Ein Zentrum des Gemüseanbaus ist die Stadt El Ejido. Dank des Gemüsebaus boomt die Stadt, die noch vor 30 Jahren ein armseliger Ort war, wo etwas Zuckerrohr und Gerste angebaut wurden und wenige Ziegen und Schafe die kargen Halme fraßen. Der Reichtum des Ortes wäre ohne die rund 15 000 Ausländer undenkbar, von denen nur 6000 bei der Gemeinde gemeldet sind. Sie malochen neun Stunden täglich in einem Land, das mit rund 10 % eine relativ hohe Arbeitslosenquote aufweist. Die Länder der europäischen Union sind für viele Hunderttausende illegaler Einwanderer das „gelobte Land". Sie suchen bei uns ein menschenwürdiges Leben in bescheidenem Wohlstand; sie möchten hier von den großen Vorteilen profitieren, die sie in der übrigen Welt fast nirgendwo finden: Kindergeld, kostenlose ärztliche Versorgung, Nachzugsrechte für Angehörige. Das Polizeiamt Europol in Den Haag schätzt, dass jedes Jahr 500 000 Menschen ohne Papiere in die EU einreisen. Es könnten aber auch doppelt oder zehnmal so viele sein.

55.2 Der Eindruck, Migration ist ein neues Phänomen und stark mit der wachsenden Globalisierung verbunden, ist nicht richtig, denn es hat im Verlauf der Evolution des Menschen schon immer Wanderungen gegeben (Völkerwanderung). Eine Beschleunigung der Migration ist allerdings seit dem Ende der 1970er-Jahre zu verzeichnen. Insbesondere durch die stark zunehmende Verflechtung internationaler Wirtschaftsbeziehungen im Zuge der Globalisierung hat eine verstärkte Öffnung nationaler Grenzen für den Austausch von Gütern, Dienstleistungen und Kommunikationsmedien eingesetzt. Diese hat internationale Wanderungsbewegungen begünstigt. Experten gehen von einer weiteren Zunahme der internationalen Wanderungen aus. Diese Szenarien beruhen allerdings auf der Annahme eines weiter anhaltenden Bevölkerungswachstums, verbunden mit zunehmender Arbeitslosigkeit, Verknappung der Nahrungsmittel und wachsender Umweltbelastung.

55.3 Individuelle Aufgabenlösung
Bei der Erörterung ist auf die unterschiedliche Interessenslage der Herkunfts- und Einwanderungsländer abzustellen. In der Regel finden sich in Ersteren die Push-Faktoren wie schlechte wirtschaftliche Lage, schlechte Aus- und Weiterbildungsverhältnisse, Bad Governance. Die Letzteren sind in der Regel durch Pull-Faktoren wie Arbeits- und Verdienstmöglichkeiten, attraktive Aus- und Weiterbildungsverhältnisse oder demokratische Regierungsstrukturen gekennzeichnet.

55.4 Die „irreguläre Migration" ist eine Sonderform der illegalen Zuwanderung, das heißt Einwanderung, Auswanderung oder Transitwanderung, die außerhalb staatlicher Regelungen stattfinden. Das globale Ausmaß der irregulären Migration ist nicht genau zu beziffern. Nach Schätzungen der UN gibt es jährlich bis zu 50 Mio. Menschen, die unerlaubt eine Grenze übertreten.

Unerlaubte Migration hat viele Formen, die Fluchtmigration tendiert eher zur Verlagerung des Lebensmittelpunkts aus der Herkunftsregion in eine Zielregion, die Arbeitsmigration hat vielfach die Form der Pendelmigration, bei der der Lebensmittelpunkt im Herkunftsland beibehalten wird.
Unrechtmäßig eingewanderte Migranten stellen ein profitables Potenzial für die Wirtschaft dar. Migrationsexperten sind der Meinung, dass ohne illegale Beschäftigung europaweit ganze Wirtschaftsbereiche zusammenbrächen. Im Süden Italiens und Spaniens erwirtschafteten sie einen erheblichen Teil des BNE und erhalten damit ganze Wirtschaftsstrukturen am Leben. Dies hat allerdings Auswirkung auf den Arbeitsmarkt und die Sozialsysteme. Damit beeinflusst illegale Beschäftigung personell wie funktionell die Einkommensverteilung in den betreffenden Ländern, und der entstehende unlautere Wettbewerb führt zu Wettbewerbsverzerrungen. Die Einkommensschwankungen werden größer, weil das bestehende Tarifsystem unterlaufen wird. Es werden keine Beiträge in die Sozialversicherungen (Rentenkasse, Krankenkasse, Unfallversicherung, Pflegeversicherung) eingezahlt. Andererseits erwerben illegal Beschäftigte keine Ansprüche gegenüber den staatlichen Leistungsträgern. Steuertechnisch büßt der Staat Einnahmen aus der Lohn- und Einkommenssteuer ein. Außerdem tragen die Bundesländer und Kommunen eventuelle Kosten für die medizinische Versorgung sowie die Auslagen für die Abschiebung. Die Produktion kann sich aus dem formellen Sektor in den informellen Sektor verschieben und damit reguläre Arbeitsplätze vernichten. Dies wiederum führt zum Anstieg von Arbeitslosigkeit im Zielland und belastet dessen Bilanz in Form von steigenden Sozialausgaben. Die Zahlen der Hilfsempfänger steigen, während Einzahlungen in das soziale Sicherungssystem ausbleiben. Eine steigende, ungemeldete Ausländerbeschäftigung hat wegen der Niedriglöhne mehrere Folgen. Die Mitgliedstaaten der EU betonen, dass irreguläre Zuwanderung negative Auswirkungen auf die Kriminalitäts- und die Arbeitsmarktsituation hat und Kosten für die Sozialsysteme verursacht, dennoch sind sie nicht unbeteiligt daran, dass irreguläre Migration trotz Kontrollen an den EU-Außengrenzen für einige Personengruppen attraktiv bleibt. Die meisten irregulär einreisenden Migranten kommen mit der Absicht, in der EU zu arbeiten und Geld zu verdienen. Da es sich häufig um Personen mit niedriger beruflicher Qualifikation handelt, ist ihre Tätigkeit auf wenige Sektoren beschränkt, z. B. das Baugewerbe, die Hotel- und Gastwirtschaft, die Landwirtschaft, das Transportgewerbe und private Dienstleistungen für Haushalte bis hin zur Prostitution. Nach Schätzungen kamen im Jahr 2006 bis zu 6000 Menschen bei diesen Einwanderungsversuchen ums Leben. EU-Politiker haben vorgeschlagen, die irreguläre Einwanderung aus Afrika durch die Einrichtung von Auffanglagern in Libyen und anderen nordafrikanischen Ländern zu regulieren. Da jedoch die humanitären Bedingungen in diesen Lagern sowie die Praxis der Asylanerkennung nicht ausreichend von der EU kontrolliert werden können, ist diese Maßnahme heftig umstritten.

55.5 Individuelle Aufgabenlösung
Hintergrund: Nur die Staatengemeinschaft ist in der Lage, auf allgemein akzeptierter Basis genügend Druck auszuüben, um Fluchtursachen wie Bürgerkriege oder andere Konflikte zumindest einzudämmen. Negativ sieht allerdings die Bilanz der Staatengemeinschaft bei der Bekämpfung der Armut in der Welt aus: Zum Beispiel wurden die bei den G8-Treffen erarbeiteten Erklärungen zum Abbau weltwirtschaftlicher Disparitäten und zur Chancengleichheit im globalen Markt bislang kaum umgesetzt.

Verlauf und Ursachen des Verstädterungsprozesses
57.1 Da die statistische Abgrenzung einer Stadt, d. h. nach ihrer Einwohnerzahl oder nach der Einwohnerdichte, international sehr unterschiedlich ist, müssen weitere Merkmale herangezogen werden:
rechtlich: Vorhandensein von Stadtrechten, funktional: Bedeutungsüberschuss z. B. im Hinblick auf Bildung, Kultur, ... physiognomisch: hohe Bebauungsdichte, mehrgeschossige Bauten, ... soziologisch: Lebensweise, Bevölkerungsschichten

57.2 Während der Begriff „Verstädterung“ ein quantitatives Wachstum der städtischen Bevölkerung bezeichnet, versteht man unter „Urbanisierung“ einen qualitativen Verstädterungsprozess, z. B. die Ausbreitung städtischer Lebensweisen.

57.3 Obwohl sich die Bevölkerungszunahme als demographischer Prozess in afrikanischen Städten verlangsamt (Verstädterungsrate, M6), erhöht sich der Verstädterungsgrad, also der prozentuale Anteil der Stadtbevölkerung an der Gesamtbevölkerung in Afrika weiterhin deutlich (M5): 25 % (1970) auf 35 % (1995), Tendenz steigend (Prognose: 55 %, 2025). Grund hierfür ist die Eigendynamik des Bevölkerungswachstums in den Städten; der Schwerpunkt der zukünftigen Bevölkerungsentwicklung hat sich aufgrund der Wanderbewegungen bereits in die Städte verlagert.

Die Karte M4 konkretisiert länderbezogen die durchschnittliche Verstädterungsrate von 1990 bis 2003, d.h. die Veränderungen der Anteile der städtischen Bevölkerung. Jährliche Wachstumsraten: Norden Afrikas, Sambia: 0–3 %, Südafrika, Botswana, die Länder im Golf von Guinea, Somalia sowie die zentralafrikanische Republik: 3–4 %, Mosambik: 6–8 %, Rest: 4–6 %

57.4 Individuelle Aufgabenlösung
Beispiel: Deutschland – weist laut M4 eine relativ geringe Verstädterungsrate auf. Aufgrund des bereits hohen Verstädterungsgrades (M5) ist das nicht verwunderlich. M6 zeigt, dass in europäischen Ländern die Phase eines starken Wachstums der Stadtbevölkerung bereits länger zurück liegen muss.
Tansania hat laut M4 von 1990 bis 2003 eine sehr hohe Verstädterungsrate aufgewiesen. Es liegt noch über dem in M6 dargelegten Durchschnittswerten für Afrika im gleichen Zeitraum und wird daher zur Gesamttendenz des Verstädterungsgrades in Afrika (M5) beitragen.

59.1 Begriffsabgrenzung:
Metropole: politisches, wirtschaftliches und gesellschaftliches Zentrum eines Landes; in der Regel die Hauptstadt.
Primatstadt: Großstadt, die an Einwohnerzahl und Wirtschaftskraft andere Städte des Landes übertrifft. (Die Begriffe Metropole und Primatstadt sind daher schwer zu trennen. Während die Primatstadt national betrachtet einen Bedeutungsüberschuss aufweist, wird im Allgemeinen zumeist aus internationaler Perspektive von einer Metropole gesprochen.)
Megastadt: Stadt mit mehr als 10 Mio. Einwohnern (Vorsicht: unterschiedlich abgegrenzt)
Global City: Metropole mit großer internationaler Bedeutung, aufgrund der Ortsansässigkeit mehrerer Global Player
Agglomeration: Konzentration städtischer Siedlungen, Ballungs- oder Verdichtungsraum

59.2 Die Hoffnung auf ein neues, besseres Leben zieht viele Menschen von den ländlichen Regionen in die Städte. Zunächst vorübergehend leben sie in provisorisch konstruierten Behausungen, die durch den stetigen Zuzug von sehr vielen Menschen immens und unkontrolliert wachsen. Da sich der ursprüngliche Wunsch nach Arbeit und Wohlstand in den Städten zumeist nicht erfüllt, bleiben die Menschen aber letztlich dauerhaft in den Siedlungen, die durch Armut gekennzeichnet sind: Slums sind daher typische Erscheinungen in den rasant wachsenden Städten der Entwicklungsländer. Marginalisierung in den Städten der Industrieländer kann über die Gettobildung oder verstärkten sozialen Wohnungsbau erfolgen. Ihre Ursache liegt indes aber nicht im rasanten Wachstum der Städte, sondern in der fortschreitenden sozialen Segregation begründet.

59.3 Durch den Zuzug vieler Menschen aus dem ländlichen Raum wächst die städtischen Siedlung – Kern, Stadtregion und Vororte – ganz allgemein (Phase 1: Urbanisierung). Die Phase der Suburbanisierung beschreibt die Verlagerung des Städtewachstums in die Vororte auf Kosten des Zentrums. Aufgrund der Überlastung der Stadtregion setzt eine Abwanderung über dessen Außenrand ein, so dass das Bevölkerungswachstum spätestens in der Phase der Desurbanisierung in allen drei Bereichen negative Werte annimmt. Durch die Integration des Hinterlandes in die Städte sowie Maßnahmen der Stadterneuerung wächst die städtische Region wieder (Reurbanisierung). Beispielsweise profitiert der Kern durch den Zuzug meist wohlhabender Bevölkerungsschichten – vor allem in der Nähe der City.

Vergleich – Verstädterungsprozesse in Industrie- und Entwicklungsländern
60.1 Mögliche Kernaussagen:
- Verstädterung ist in Entwicklungsländern momentan eher ein Prozess der Bevölkerungsexplosion bzw. Schwerpunktverlagerung von Bevölkerung. In Industrieländern stehen ökonomische Funktionsvernetzungen und -erweiterungen im Vordergrund.
- Städte sind in Industrieländern trotz aller Probleme zumeist tatsächlich Zentren von Pullfaktoren; in den Entwicklungsländern ist diese Attraktivität häufig nur fiktiv.
- Der Verstädterungsvorgang verlief in den Industrieländern langsamer und damit geordneter als in den Entwicklungsländern, wo er heute relativ chaotisch verläuft.

61.2 Individuelle Aufgabenlösung
Genannt werden könnten: Förderung des informellen Sektors (Armutsbekämpfung), Infrastrukturförderung (Verkehr, Gesundheit, Bildung), Förderung sozialer Projekte und Selbsthilfen.

61.3 Die Marginalisierung ist ein Prozess der in der Regel mit Entwicklungsländern in Verbindung gebracht wird. Dennoch gibt es auch in den Industrieländern Bevölkerungsschichten, die wirtschaftlich und gesellschaftlich an den Rand der Gesellschaft gedrängt werden und zwar überall dort, wo das Sozialsystem eines Landes die sozial Schwachen nicht auffängt. Großflächige Beispiele finden sich etwa in den USA, wo die sogenannte Gettobildung ganze Stadtareale überprägt hat. Hier leben zumeist sozial sehr schwache Menschen. Überrepräsentiert sind oftmals bestimmten Ethnien (Afroamerikaner, Hispanics). Aber auch in Deutschland gibt es Beispiel von Marginalisierung. So haben sich etwa seit der Wiedervereinigung viele Plattenbaugebiete in ostdeutschen Großstädten zu Stadtgebieten entwickelt, wo weitgehend arbeitslose und daher sozial schwache Menschen leben. Obwohl durch Stadtentwicklungsprogramme teilweise versucht wird, diese Gebiete zumindest optisch nicht verkommen zu lassen, zeigt die Infrastrukturausstattung häufig große Defizite.

Raumbeispiel 1: Die Megastadt Mumbai

63.1 Aus dem Zitat geht hervor, dass sich die Stadt Mumbai durch eine Mischung verschiedenster internationaler Elemente zusammensetzt, die auf den ersten Blick nicht zusammenpassen und eine Art „Flickenteppich“ bilden. Einerseits ordnet die Anspielung auf Hollywood mit seinen erfolgreichen Medienunternehmen das aufstrebende Mumbai in kapitalistische westliche Welt ein, eine Ordnung in die auch die Bars und Restaurants passen. Andererseits werden alte Strukturen, aus der kolonistischen Zeit, mit Armut in Verbindung gebracht. Selbst islamische, hinduistische und orientalische Kennzeichen wie Basare fehlen im Flickenteppich Mumbai nicht. Das Chaos mit dem die Stadt nur schwer fertig wird, hinterlässt Spuren auf Kosten der armen Bevölkerung und der Umwelt.

63.2 Der Riesenslum Dharavi baut wirtschaftlich insbesondere auf dem informellen Sektor auf. Dieser ist so gut strukturiert und groß, dass er an international organisierte Industriezweige angeschlossen ist (Zulieferer). Durch diese ökonomische Basis zahlreicher Handwerker bieten sich weitere Möglichkeiten für Händler und Dienstleister. Ein weiterer Faktor sind angelernte Arbeiter, die außerhalb Dharavis ihren Lebensunterhalt verdienen und diesen nach Dharavi bringen.

63.3 Individuelle Aufgabenlösung
Hintergrund: Das mangelnde Einfühlungsvermögen des Sanierungsprojektes in gewachsene soziale Strukturen ist zu hinterfragen. Es kann schwere Probleme im Slum hervorrufen – trotz aller geplanten infrastrukturellen Verbesserungen. Die Bewohner werden mit in Gewinner und Verlierer der Sanierungsaktion unterteilt, das ruft möglicherweise Spannungen innerhalb der Bewohner hervor. Möglich ist auch eine Verelendung derjenigen, die negativ von der Sanierung betroffen werden.

Raumbeispiel 2: Die Megastadt Tokio

65.1 Das Platzmangelproblem Japans ist aufgrund des sehr hohen Gebirgsanteils vorwiegend topographischer Natur. So verteilt sich der Großteil der japanischen Bevölkerung auf einer sehr geringen Fläche. Die bewohnbaren Gebiete weisen eine mittlere Bevölkerungsdichte von über 2500 Einw./km^2 auf (Vergleich: Hamburg ca. 2260 Einw./km^2). Der Siedlungsschwerpunkt befindet sich an der Pazifikküste und dort v. a. in der Metropolregion Tokio. Die Siedlungsgunsträume erfahren einen großen Konkurrenzdruck, da sie auch landwirtschaftlich genutzt werden. Die Raumknappheit verstärkt sich außerdem durch expansive Industrieanlagen und den Bau von (Fern-) Verkehrswegen.

65.2 Individuelle Aufgabenlösung

65.3 Ausgangssituation: Sowohl bei Mumbai als auch bei Tokio handelt es sich um eine Megastadt mit sekundärem und tertiären Schwerpunkt, wobei Tokio international von größerer Bedeutung ist (Global City). Während der Bevölkerungszuwachs in Mumbai dadurch begründet ist, dass sich die Menschen ein besseres Leben erhoffen und deshalb vom Land wegziehen, nutzen die Menschen in Tokio die Agglomerationsvorteile der Großstadt. Durch die naturbedingte Raumenge sind die Japaner allerdings mehr oder weniger gezwungen in einem Ballungszentrum zu leben. Durch den stetigen Zuzug von Menschen entstanden und wachsen die Slums in Mumbai, in Japan werden die städtischen Siedlungen immer größer und dichter. Raumplanungsmaßnahmen und Bewertung:
Mumbai: Die Ziele des Entwicklungsprojekts sind durch den Bau von mehrgeschossigen Gebäuden die Bevölkerungsdichte zu erhöhen sowie die Infrastruktur auszubauen. Dadurch sollen die Slums aufgewertet und die Lebensbedingungen verbessert werden. Problematisch ist, dass elementare Ansprüche ver-

nachlässigt werden, stattdessen werden Wohnblocks errichtet, die an der Bevölkerung „vorbei geplant“ werden. Die Wohnungen sind zu teuer und der Raum für die betrieblichen Strukturen geht verloren.
Tokio: Die japanischen Raumordnungsmaßnahmen sind auf die Planung und den Bau von Entlastungs- und Nebenzentren ausgerichtet, durch die Bevölkerungskonzentrationen abgebaut werden sollen. Durch das Arbeitsplatzangebot an gut angeschlossenen Standorten wird das Zentrum, das sich in geringer Entfernung (25–50 km) befindet, deutlich entlastet. Außerdem entstehen um den Kernstadtbereich sogenannte Nebenzentren, die durch Eisenbahnlinien direkt mit der City verbunden sind. Da der Raum dennoch zu knapp ist, wird in Japan zusätzlich Neuland gewonnen. Durch Aufschüttungen im Küstenbereich vergrößert sich das Baugebiet, das z. B. als Wohnraum, Industriegebiet oder Freizeitregion genutzt werden kann. Das Ziel der Planungsmaßnahmen – den Bevölkerungszuwachs in Griff zu bekommen – ist erfolgreich erfüllt. Die ökologischen Folgen bleiben bei dieser Bewertung allerdings unberücksichtigt.

Städte und ihr Wandel in einzelnen Kulturräumen
67.1 Mittels Fotos:
M1, M3 Schachbrettmuster – M4 unregelmäßige Bebauung,
M1, M3, M4: hohe Bebauungsdichte, geschlossene Siedlung
M1, M3: viele Hochhäuser; Wolkenkratzer im Zentrum von M1
M1, M3: zentrale „autobahnähnliche“ Straßen – M5: Durchgangsstraßen erkennbar, Größe schlecht einzuschätzen
Mittels Modellen:
Während M5 das Strukturmodell einer ganzen Stadtregion (Zentrum, Vororte, Industriegebiete, ...) zeigt, ist in M6 und M7 der charakteristische Innenstadtbereich dargestellt. Allerdings sollten die Schüler mithilfe Ihrer Vorkenntnisse aus Klasse 10 bzw. ggf. mit Hilfe von Abb. 68.3. zumindest grundsätzlich auch die nordamerikanische Stadt einbeziehen können.
Vergleich M6 und M7: Gemeinsamkeiten: zentraler Platz, an dem sich das öffentliche Leben abspielt, Wohnquartiere um das Zentrum herum angeordnet.
Unterschiede: M6 Schachbrettmuster, M7 Sackgassensystem
M6: öffentliche Gebäude um Plaza herum – M7: öffentliche Einrichtungen in der Altstadt verteilt
M6: keine feste Umgrenzung – M7: Stadtmauer mit Toren
Besonderheiten nordamerikanische Stadt: Hier ist das Zentrum stark auf die Geschäfte großer Konzerne ausgerichtet, die in Hochhäusern ihre Zentralen haben (CBD). Das Schachbrettmuster ist mit dem der lateinamerikanischen Stadt vergleichbar. Wenn auch das Zentrum keine eigentliche Begrenzung besitzt, so sind doch die riesigen Ausfallstraßen an der Peripherie der City charakteristisch.

67.2 Lateinamerikanische Stadt (M6): Die lateinamerikanischen Städte gehen auf die spanischen Eroberer (Konquistadoren) zurück. Die städtischen Siedlungen wurden als Militärstützpunkte und Verwaltungszentren gegründet, die gemäß einer königlichen Generalinstruktion nach dem Schachbrettmuster, das auf dem Foto gut zu erkennen ist, angelegt werden mussten. Ein zentraler freier Platz (Plaza) hatte Repräsentationscharakter und war Mittelpunkt des öffentlichen Lebens (Foto: Mitte links). Hier befinden sich auch die öffentlichen Gebäude (Rathaus, Polizei, Schule, Regierung, Gericht und Krankenhaus). Abseits der Plaza finden sich die regelmäßig angeordneten Wohnquartiere der Bürger.

Orientalische Stadt (M7): Das typische Kennzeichen der orientalischen Stadt ist das Sackgassensystem der Straßen, das ursprünglich dem Schutz der Privatsphäre diente. Auf dem Foto werden zwar die Sackgassen nicht deutlich, allerdings kann man die dichte, stark verwinkelte Bebauung der Stadtviertel erkennen. Die Wohnviertel schließen sich an den Basar an und bilden teilweise abgegrenzte Quartiere mit eigenen Einrichtungen, wie Markt, Moschee und Badehaus. Öffentliche Durchgangsstraßen, die auch auf dem Foto hervortreten, sicherten die Verbindung zwischen dem zentralen Basar (auf dem Foto M4 nicht eindeutig zu erkennen) und den Stadttoren. Bestimmende Elemente der Altstadt (Medina) sind das herrschaftliche und das religiöse Zentrum (Burg und/oder Große Moschee, Foto: Mitte). Außerhalb der Stadtmauer befinden sich der Friedhof und der ländliche Markt.

Die nordamerikanische Stadt

69.1 Der schachbrettartige Grundriss, der auf die kolonialzeitliche Landvermessung zurückgeht, ist die Ausgangssituation der Entwicklung der nordamerikanischen Städte. Das Wachstum der Städte orientierte sich an den Ringautobahnen und Ausfallstraßen, an denen Versorgungseinrichtungen gegründet wurden. Im Randbereich der Stadt entstanden Vororte (Suburbs). Hier fanden vor allem die Bewohner aus den Stadtgebieten, die ihre Lebenssituation verbessern wollten, ihre neuen Wohnstandorte. Auf Kosten des Zentrums wurden nun auch Arbeitsplätze nach außen in den Stadtrandbereich verlagert, indem Business, Industrial und Office Parks geschaffen wurden. Infolgedessen kommt es zum Bedeutungsverlust und teilweise zum Verfall der Innenstadt. Um diese wieder aufzuwerten bzw. wiederzubeleben (Revitalisierung) wurden zentrale Wohngebiete saniert. Dies war eine Basis für den Zuzug zumeist junger und finanziell relativ wohlhabender Menschen, die nun ihrerseits durch ihre Aktivitäten den Stadtteil aufwerteten (Gentrifizierung). Weiterhin wurden attraktive Shopping Malls und Geschäftszentren errichtet.

69.2 In der europäischen Innenstadt befindet sich noch heute der alte Kern der Stadt (Altstadt). Die alten Gebäude verleihen den Städten das individuelle Gesicht. Die Innenstadt wird von einem Band Hochhäuser abgegrenzt. In die durchgehend geschlossene Verbauung mischen sich immer wieder einzelne Hochhäuser bzw. Hochhausviertel. Erst in relativ großer Entfernung vom Zentrum geht die geschlossene in eine offene Verbauung über. Das Zentrum der nordamerikanischen Stadt ist durch Wolkenkratzer geprägt. Hier kennzeichnet die Skyline das Gesicht der Stadt. Um den sehr dicht bebauten Innenstadtbereich schließt sich – im Vergleich zur europäischen Stadt zentrumsnah – ein Gürtel offener Bebauung. Erst weiter außen finden sich weitere Hochhauskomplexe (Edge Cities).

69.3 Mit der zunehmenden wirtschaftlichen Bedeutung erfuhr die City Detroits bis 1950 einen Bevölkerungszugang vorwiegend an weißer Bevölkerung. Danach verliert der Innenstadtbereich insgesamt Wohnbevölkerung, es setzt eine Phase der Bildung degradierender Wohngebiete ein. In diesen nimmt der Anteil der Schwarzen zu (M4). Gleichzeitig verzeichnet der suburbane Raum einen Zuzug, d.h. dass sich die weiße Bevölkerung nach außen in die Vororte verlagert. Die Mittel- und Oberschicht verlässt die Kernstadt und zieht Versorgungseinrichtungen mit sich. Der Innenstadtbereich verfällt und verwahrlost und ist geprägt durch leerstehende Wohn- und Geschäftsgebäude (Gettobildung). Die Armen – überwiegend aus der schwarzen Bevölkerungsschicht – bleiben in der „ausgehöhlten Geisterstadt" zurück. Das Stadtwachstum findet vorwiegend im Bereich der Vororte und deren Umgebung statt. Hier entstehen sog. Edge Cities, die neben Wohnanlagen Einkaufsmöglichkeiten (malls), Büroflächen und Gesundheitseinrichtungen bieten und damit in Konkurrenz zur Kernstadt treten.
Um die Innenstadt wiederzubeleben wurden finanzielle Mittel zur Verfügung gestellt um Großprojekte zu verwirklichen: zum Beispiel bietet das Renaissance Center Arbeitsmöglichkeiten und Dienstleistungsangebote. Auch andere Projekte wie Sportstadien und Spielhallen sollen die Downtown wieder mit Leben füllen. (Lösung zum Beispiel mit Diercke Weltatlas, S. 201, Karte 3, M2 und M4 SB S. 68/69)

Die lateinamerikanische Stadt

71.1 Die lateinamerikanischen Städte wurden nach dem Schachbrettmuster gegründet (kolonialzeitliche Landvermessung). Der zentrale Bereich mit der Plaza ist zunächst von dem Wohnbereichen der Oberschicht und dann der Unter- und unteren Mittelschicht umgeben. Mit dem Wachstum der Städte bildeten sich Vororte, die später als Industriezonen genutzt wurden. Die City wächst allmählich nach außen, die Wohnviertel der Oberschicht verlagern sich segmentartig in eine Richtung. Benachbart lässt sich die Mittelschicht nieder. Durch den Bevölkerungsverlust des Zentralbereichs entstehen die Tugurios (innenstädtische Slums). Menschen, die diese Bereiche verlassen verlagern sich an den Stadtrand entsprechend ihres Lebensstandards entweder in Gebäude des sozialen Wohnungsbaus oder in Hüttenviertel (illegal, semilegal, legal). Die Städte wachsen bis heute zu großen Metropolen, wobei alle Wohnbereiche Bevölkerungszugänge verzeichnen. Die neu entstandenen Subzentren sowie die Ausdehnungbereiche der City befinden sich vorwiegend in den Wohngebieten der Oberschicht.

71.2 Die Innenstädte dienten lange als Wohnsitz unterschiedlicher Bevölkerungsschichten und erfuhren allmählich einen Bedeutungswandel, der mit der Bevölkerungsmobilität zusammenhängt. Die reiche Bevölkerung – ursprünglich im Zentrum wohnhaft – gründete die Villenvororte. In deren Umgebung zogen die Bürger der oberen Mittelschicht – auch aus dem Innenstadtbereich – in Mietshäuser oder Eigentumswohnungen. Die ehemaligen Gebäude wurden von zurückbleibenden armen Bevölkerungsschichten nach und nach überbelegt, sind mittlerweile schlecht ausgestattet und befinden sich in marodem Zustand.

Fehlende Investitionstätigkeiten begünstigten den Verfall der Bausubstanz. In diesen Tugurios – innerstädtischen Slums – schreitet die Verelendung der Bewohner immer weiter voran. Die Slums am Rand der Städte – die Barriadas – entstehen durch den Zuzug relativ junger Menschen, die im informellen Sektor beschäftigt sind oder gering qualifizierte Tätigkeiten ausüben. Die illegalen Siedlungen bestehen zunächst aus schlechter, improvisierter Bausubstanz. Die arme Bevölkerung, geprägt vom Elend in Kombination aller negativen Begleiterscheinungen, ist bestrebt die Wohnsituation und die Infrastruktur zu verbessern, soweit es die Politik zulässt.

71.3 Segregation findet zwar häufig in der armen Bevölkerungsschicht statt (siehe Aufgabe 2), ist aber nicht darauf beschränkt. Durch die Konzentration der reichen Einwohner entsteht der sogenannte Wohlstandskorridor. In abgegrenzten Bereichen, den Gated Communities, leben die Wohlhabenden unter sich (vgl. SB 73 M3).

<u>Zusatzmaterial – die orientalische Stadt</u>
Im Schulbuch wurde auf eine ausführliche Darstellung der orientalischen Stadt verzichtet, um Platz für andere Themeninhalte zu schaffen. Stattdessen konzentriert sich das Buch auf die geographisch benachbarten „Stadtkulturen" Amerikas. Dies erschien auch im Sinne des Lehrplans (Vergleich von Industrie- bzw. Entwicklungsländern) als sinnvoll.
Für den Fall, dass ergänzend im Unterricht Aspekte der orientalischen Stadt behandelt werden sollen, sind im Folgenden Informationen zum Thema „Merkmale und Entwicklung der orientalischen Stadt" zusammengefasst. Enthalten ist das zentrale Vorwissen der Schüler aus Klasse 8 sowie weiterführende Hinweise zur historischen Entwicklung sowie aktuellen Entwicklungen an einem Beispiel.

Die (traditionelle) islamisch-orientalische Stadt (SB S. 67 M7).
Wesentliche Merkmale:
- Kaba (Burg), Große Moschee und Basar als wichtigste Elemente der Medina (Altstadt)
- Weitere Elemente: häufig Medresen (Koranschulen), sowie die Hammams, die für alle zugänglichen und nach Geschlechtern getrennten Badehäuser, in denen die Gläubigen vor ihrem Gebet eine rituelle Reinigung vornehmen
- dem öffentlichen Bereich steht der private gegenüber; die Gebäude verschiedener ethnischer oder religiöser Gruppen bilden dabei häufig zusammenhängende Quartiere
- Schutz der Privatsphäre führte zu ausgeprägten Sackgassensystem, es gibt aber auch öffentliche Durchgangsstraßen in der Medina, die die Verkehrsverbindungen zwischen dem zentralen Basar und den Toren der Stadt sichern
- im Regelfall wird die Stadt von einer Stadtmauer umschlossen

Entwicklung zur bipolaren orientalischen Großstadt – das Beispiel Teheran
Noch Anfang des 19. Jh.s beschrieben europäische Reisende den dürftigen urbanen Charakter der persischen Hauptstadt. Aber ab Mitte des 19. Jh.s änderte sich das Stadtbild Teherans zunehmend. In den 1930er-Jahren ließ die Regierung die Befestigungsmauer endgültig abreißen und darüber hinaus auch viele der altstädtischen Wohnviertel mit Lehmziegelbauten. Die Stadt wuchs seitdem rasant. Lebten 1922 noch 210 000 Einwohner in Teheran, so waren es 30 Jahre später schon sechsmal so viel. Mit der Kolonialisierung und Industrialisierung vergrößerten sich jedoch nicht nur Einwohnerzahl und Fläche der Stadt, sondern auch ihre räumlichen und sozialen Strukturen.
Der neue Grundriss war überwiegend durch ein geometrisches Straßennetz geprägt. Zugunsten des wachsenden Individualverkehrs wurden breite Straßen durch die winklige Altstadt geschlagen. An den Ausfallstraßen und den neu errichteten Eisenbahnlinien entstanden großflächige Industriegebiete.
Den europäischen Vorstellungen entsprechend wurden weitflächige neue Stadtteile und breite Straßen an die Altstadt angegliedert. Engländer und Russen, die Anfang des 20. Jh.s Konzessionen für die Einfuhr von Fertigwaren und für Ausfuhr von Rohstoffen nach bzw. aus Persien erworben hatten, lebten je nach Sozialstatus in unterschiedlichen Vierteln. Dagegen wohnten bei der einheimischen Bevölkerung noch reiche und arme Schichten in der Medina (Altstadt) zusammen.
Im Lauf der Zeit konzentrierten sich im Bereich der Neustadt immer mehr zentrale Funktionen des tertiären Sektors und es bildete sich eine City nach westlichem Muster, die sich räumlich unmittelbar an die Altstadt anschloss. Die City als neues, dynamisches „Gravitationszentrum" bildete einen Gegenpol zum Basar als Zentrum der Altstadt. Diese Bipolarität ist heute ein charakteristisches Merkmal der orientalischen Stadt – von Casablanca über Teheran bis New Delhi.

Die räumliche Schwerpunktverlagerung zur modernen City hin brach die ursprüngliche konzentrische Anordnung der Basarstandorte auf. Die Achse zwischen den beiden Polen wurde zum dominierenden Geschäftszentrum. Der Einzelhandel verdrängt immer mehr das alte Basarhandwerk; viele Handwerksbetriebe wanderten in die Wohnviertel ab, was zu einer Abkehr von der traditionellen Trennung von Wohnen und Arbeiten führte.
Parallel zu diesen funktionalen Verschiebungen vollzog sich auch eine soziale Segregation. Die einheimische Oberschicht verließ die Altstadt und zog in die Villenviertel oder andere, ihrem Sozialstatus entsprechende Teile der Neustadt. Teilweise bezogen sie die durch die De-Kolonialisierung frei gewordenen Wohnquartiere der Europäer. Auch die durch die Industrialisierung entstandene neue Mittelschicht orientierte sich westlich und zog aus der Enge der Altstadt in neu erschlossene, europäisch ausgelegte Wohngebiete.
In der Altstadt blieb meist die traditionell denkende und ärmere Bevölkerung zurück. In die frei gewordenen Altstadträume rückten ärmere Zuwanderer nach, die als Arbeitskräfte benötigt wurden oder in die Stadt kamen, weil sie hier ein besseres Leben erhofften. Aufgrund der engen Bebauung kam es aber zu keinem Wohnungsneubau, sondern der zur Verfügung stehende Wohnraum wurde auf mehr Einwohner verteilt. So wurden große Wohnhäuser der Oberschichtfamilien in Gemeinschaftswohnanlagen umfunktioniert. Dies führt zu Problemen bei der Ver- und Entsorgung der Medina. Darüber hinaus verfolgt die weggezogene Oberschicht bezüglich ihrer Wohnhäuser das übliche Prinzip des Rentenkapitalismus, das heißt, die eingezogenen Mieten werden nicht in den Ausbau der Häuser investiert, sodass große Bereiche der Altstadt dem fortlaufenden Verfall ausgesetzt sind. Der unverändert große Zuwanderstrom übersteigt das Arbeitsplatz- und Wohnungsangebot der Medina bei Weitem. Daher entstehen ständig illegale provisorische Siedlungen in den Außenbereichen der Stadt, vor allem im klimatisch benachteiligten Süden Teherans. In den letzten Jahren wird mit massiven Investitionen in den Bau von Massen-Wohnquartieren versucht, den traditionell benachteiligten Süden der Stadt aufzuwerten und gleichzeitig die Errichtung von illegalen Spontansiedlungen einzudämmen bzw. diese zu beseitigen. Neben dem Wohnungsproblem kämpft Teheran mit der Luftverschmutzung. Die Millionenstadt liegt ständig unter einer Smogwolke aus Staub und Abgasen der Industriegebiete und vor allem des Verkehrs. Zur Verbesserung der klimatischen Verhältnisse Teherans sind in den vergangenen Jahren Freiflächen in der Stadt und in ihrer Umgebung aufgeforstet worden.

Kapitel 1.3 – Globalisierung

Was ist Globalisierung?
73.1 Bezüge zur Globalisierung:
M1 zeigt ein voll beladenes Containerschiff: Waren aus aller Welt werden auf dem Seeweg transportiert und sind daher weltweit erhältlich – Seewege verbinden; Warentransport mit (motorisierten) Containerschiffen schneller als früher per Segelschiff, Ladekapazitäten haben sich vervielfacht, logistische Probleme wurden durch den standardisierten Warencontainer verringert (der Warentransport wurde billiger); insgesamt steht das Foto für die vielfache Steigerung des Warenverkehrs auf der Welt.
M2 zeigt die Regierungschefs beim Treffen der G20 in Pittsburgh 2009: Die Gruppe der 20 (kurz: G20) wurde 1999 ins Leben gerufen, um Kooperation in Fragen des internationalen Finanzsystems zu verbessern. Mitglieder sind die sogenannten G8-Staaten: USA, Japan, Deutschland, Großbritannien, Frankreich, Italien, Russland und Kanada, die G5 der wichtigsten Schwellenländer: China, Indien, Brasilien, Mexiko, Südafrika und außerdem Argentinien, Australien, Indonesien, Saudi-Arabien, Südkorea, Türkei und Repräsentanten der Europäischen Union.
Die G20 repräsentieren zwei Drittel der Weltbevölkerung, fast 90 % der weltweiten Wirtschaftskraft und rund 80 % des Welthandels. Treffen von solchen Dimensionen zeigen die Notwendigkeit weltweiter Vernetzung aufgrund der zunehmenden globalen wirtschaftlichen und politischen Verflechtung. Hier werden auf politischer Ebene Rahmenbedingungen für den Welthandel abgesteckt und diesbezügliche Weichen gestellt. Die Finanzminister und Zentralbankchefs der G20 treffen sich seit 1999 sogar jährlich. Der erste G20-Gipfel der Staats- und Regierungschefs fand aber erst im November 2008 in Washington statt. Dabei wurden die Rahmenbedingungen für die größte Weltfinanzreform seit mehr als 60 Jahren besprochen.
M3 zeigt einen Demonstranten, der sich gegen die Politik der Welthandelsorganisation WTO ausspricht. Im globalen Kontext kann er zu den Globalisierungskritikern gezählt werden. Er steht für diejenigen, die auf die Nachteile und Ungerechtigkeiten im derzeitigen Globalisierungsprozess aufmerksam machen. Für diesen stehen stellvertretend Ziele und Maßnahmen der WTO.

73.2

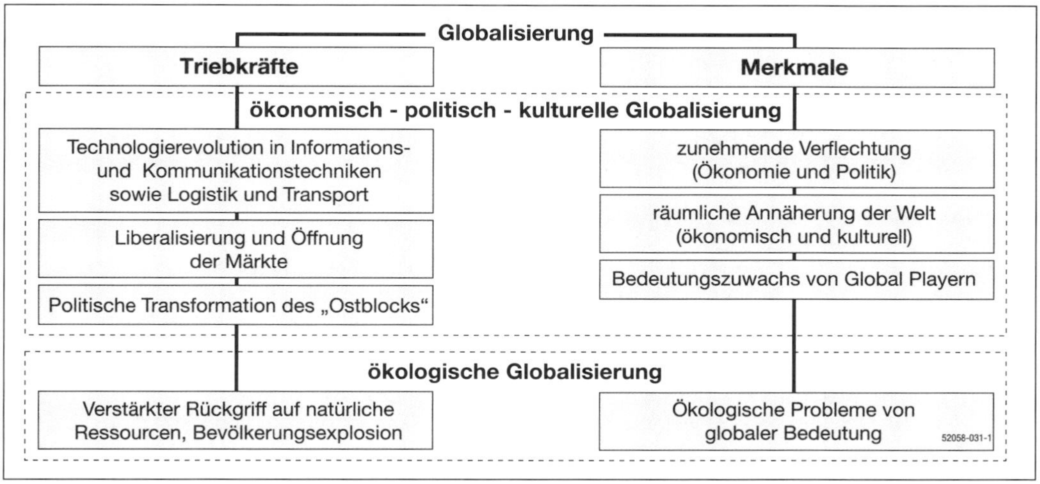

73.3

Chancen	Risiken
– Neue Technologien, Deregulierung der Märkte und Steuererleichterungen schaffen weltweit schnelleres Wirtschaftswachstum und somit höherer Lebensstandard bzw. Wohlstand (vor allem in weniger entwickelten Ländern) – damit breitere ökonomische Basis für die Welt, was auch in allgemein gestiegener Lebenserwartung resultiert	– Primat der Ökonomie ohne Berücksichtigung sozialer und ökologischer Faktoren (Turbokapitalismus), – in etablierten Industrieländern branchenabhängig Abwanderung mobiler Produktionsfaktoren (Lohndruck in höher entwickelten Ländern führt zu Arbeitslosigkeit aufgrund Stellenabbau), Sozialsysteme werden geschwächt – Disparitäten zwischen Regionen/Staaten verschärfen sich (Gewinner und Verlierer) – ökologische Probleme (lange Transportwege, Ressourcenverbrauch, Naturausbeutung durch Standortoptimierung)

<u>Zusatzhinweis zur Vertiefung – Filmtipp: Let’s make money (Was macht die Bank mit unserem Geld?)</u>
ca. 107 min empfehlenswerter Film, der beispielhaft Hintergründe und Risiken des derzeitigen Globalisierungsprozesses zeigt. Als DVD erhältlich unter: http://www.letsmakemoney.at - auf der Website kann auch kostenlos spezielles Schulmaterial im pdf-Format heruntergeladen werden. Weiterhin gibt es auch auf der Website noch weitere Informationen rund um den Themenkreis.

73.4 Individuelle Aufgabenlösung

Merkmale einer globalisierten Wirtschaft
75.1 Ausgangspunkt – Definition von Produktivität: Verhältnis zwischen den eingesetzten Produktionsfaktoren (zum Beispiel Arbeit, Boden, Kapital; auch Input genannt) und dem Produktionsergebnis (Output). Als Messzahl gibt die Produktivität Auskunft über die Effizienz von Produktionsprozessen. Je höher der Grad der Arbeitsteilung/Spezialisierung wird, desto kleiner werden die Arbeitsschritte und umso perfekter/sicherer wird die zu verrichtende Arbeit/Tätigkeit, so dass Fehler und damit der Ausschuss minimiert werden. Dadurch wird die benötigte Inputmenge kleiner. Ergebnis: Geld und Zeitersparnis bei gleichbleibenden oder sogar steigenden Output
Beispiel: Durch Spezialisierung sinken die Kosten in der Automobilbranche.
Spezialisierung eines Zulieferers für Autositze – Kostenersparnis zum Beispiel für die Lagerhaltung, da man nur noch eine bestimmte/überschaubare Menge an Rohstoffen (Stoffe, Schaumstoffe, Metallgestelle) benötigt und nicht mehr alle Teile für die Produktion eines Autos vom Motor bis zu den Reifen. Gleichzeitig kann man die Beschaffungskosten für den Stoff enorm senken, da durch die Abnahme großer Mengen Mengenrabatt gewährt werden kann.

75.2 Nordamerika hat einen Importüberschuss bzw. ein Exportdefizit. Die volkswirtschaftlichen Konsequenzen könnten sein:
- Abhängigkeiten von ausländischen Zulieferern/Lieferanten; lange Wartezeiten auf Ware, (Extremfall. Unterversorgung bei ausländischem Boykott)
- Arbeitsplätze in Nordamerika entstehen nicht bzw. gehen verloren, da Produktion im Ausland erfolgt, so dass die Arbeitslosigkeit ggf. auf hohem Niveau bleibt bzw. steigt
- Wechselkurs des US-$ sinkt, da dieser auf dem Weltmarkt weniger gefragt ist, so dass sich für Nordamerika die Importe verteuern

75.3 Asien hat einen deutlichen Exportüberschuss und mit 1134 Mrd. US-$ den höchsten Exportwert (Importe „lediglich“ 863 Mrd. US-$), so dass hier eine Spitzenstellung in der globalen Wirtschaft attestiert werden kann. Wichtigste Abnehmer Asiens sind Nordamerika mit 533 und Europa mit 417 Mrd. US-$
Gründe: (vgl. auch Einbandkarten im Buch sowie Diercke Weltatlas S. 248f)
- konkurrenzlos günstige Produktionskosten durch sehr niedrige Lohnkosten im Vergleich zu Deutschland (China, Indonesien, Hongkong) sowie häufig fehlende Umweltauflagen und Sozialsysteme
- Dominanz des preisgünstigen Containerumschlags in Seehäfen
- geringe Transportkosten unterstützen die geringen Produktionskosten
- Politik der Wirtschafts- und Wachstumsförderung in Asien – Standortoptimierung

75.4 Hinweis: Im Wesentlichen geht es bei dieser Aufgabe darum, die Veränderungen grob abzuschätzen bzw. Größenordnungen anzugeben und diesbezügliche Entwicklungen zu erkennen.

Auswahl deutlicher Veränderungen (1980 – 2007):
USA: Zuwachs um ca. das 20-fache; von 100 Mrd. auf 2 Billionen
Russland (man beachte politische Wende): von 0 auf 300 Mrd.
Singapur: von 0 auf 300 Mrd.
Hongkong: ca. 4-facher Zuwachs: von 300 Mrd. auf ca. 1 Billion
China (ohne Hongkong): um das 300-fache: von 1 Mrd. auf 300 Mrd.
Länder in Westeuropa verzeichnen unterschiedliche Zuwächse, die je nach Anfangsniveau zwischen dem 4-fachen bis 300-fachen liegen können

Grundsätzliche Feststellung/Zusammenfassung:
Direktinvestitionen in ander Länder haben insgesamt drastisch zugenommen. Bevorzugte Investitionsziele sind: USA, West-/Mitteleuropa, Russland, Ost- und Südostasien; einzelne weitere Schwerpunkte liegen in Südamerika sowie Osteuropa (vor allem Russland).

Herausforderung Globalisierung – neue Unternehmensstrukturen in der Industrie
77.1 Individuelle Aufgabenlösung
Hinweis: der Transportweg der Jeans beträgt etwa 51 000 km.

<u>Zusatzhinweis zur Vertiefung – Filmtipp: Jeans – Baumwolle im Zeichen der Globalisierung</u>
(FWU-Mediennummer: 4202786 als VHS-Video bzw. 4602350 als DVD, ca. 19 Minuten)
Der Film bietet einen Überblick über Formen und Auswirkungen der Globalisierung am Beispiel der Baumwollproduktion und der Jeansherstellung. Er zeigt Teile der Produktionskette in Deutschland, Tansania und Russland und macht bewusst, dass es bei allen Prozessen der Globalisierung Gewinner und Verlierer gibt. Er soll damit zu bewussten Einkaufsverhalten beitragen.

77.2 Überblick über mögliche Probleme in der Textilproduktion
Betriebswirtschaftliche Probleme:
- Herausforderung der zeitlichen Abstimmung der an der Produktion beteiligten Unternehmen (Gefahr, bestimmte Lieferfristen nicht einhalten zu können)
- mangelnde Qualifikation der ausländischen Mitarbeiter (Qualitätseinbußen, Ausschuss steigt an und somit auch die Kosten)
- Imageverlust, da Produkt zum Beispiel nicht mehr „Made in Germany“ ist und im Extremfall zum Billigprodukt abgestempelt wird
- Gefahr des Know-how-Diebstahls (Produktpiraterie)

Volkswirtschaftliche Probleme:
- Arbeitsplätze im Ursprungsland der Textilproduktion gehen verloren (sogenannte „Doppelte Last der Arbeitslosigkeit", d.h. dem Staat fehlen Steuereinnahmen (Lohnsteuer der Arbeitnehmer) und gleichzeitig muss er den Arbeitslosen Unterstützungen gewähren
- Arbeitslose konsumieren weniger (Mehrwertsteuereinnahmen brechen ein)
- ggf. enden ehemals von staatlicher Seite gewährte Fördergelder (finanziert aus Steuermitteln) für die Ansiedlung eines Unternehmen im Nichts, wenn das Unternehmen den Standort verlässt

Ökologische Probleme:
- geringere/keine Umweltauflagen an Standorten in weniger entwickelten Ländern gefährden die Menschen vor Ort und tragen wesentlich zur global wachsen Umweltbelastung bei; im Extremfall führen die ökologischen Kosten vor Ort zu einem Nullsummenwachstum im Land des Standorts
- Emissionen nehmen durch weite Transportwege drastisch zu

77.3 Worldmapper – die etwas andere Weltkarte
Die Universität Sheffield hat es sich zur Aufgabe gemacht, die Welt aus einer etwas anderen Perspektive darzustellen. Sie bietet diverse Weltkarten auf der Internetseite www.worldmapper.org an. Beschreibung: Es handelt sich hierbei um Weltkarten, die nicht die bekannten Größenverhältnisse der Kontinente abbilden, sondern die Größendarstellung von anderen Gesichtspunkten (Themenfeldern) abhängig machen. Dies sind hier die weltweiten Textilimporte (Karte 84) bzw. Textilexporte (Karte 83). Unter Textilen versteht man in diesem Zusammenhang Bekleidung, Schuhe und Taschen. Je bedeutender ein Land in dieser Hinsicht ist, umso größer ist sein Anteil an der Oberflächengestaltung der Karte.
Kritische Betrachtung: Deutlich wird bei den Karten das Ungleichgewicht zwischen Exporteuren (= Produzenten in den (Fern-)Östlichen „Entwicklungsländern) und Importeuren (= Konsumenten in den westlichen Industrieländern).

77.4 Individuelle Aufgabenlösung
Hinweis: Der Ansatz des Unternehmens lautet letztlich: Spezialisieren und: „Klasse statt Masse"
Recherchehinweis: Trigema trotzt der Globalisierung (Auszug aus einem Interview mit Wolfgang Grupp. Der Trigema Inhaber und Geschäftsführer wirbt damit, ausschließlich in Deutschland zu produzieren.

Welche Aufgabe haben Unternehmer heute?
Die Aufgabe des Unternehmers in einem Hochlohnland wie Deutschland ist es, die Mitarbeiter so einzusetzen, dass sie ihrer Ausbildung und ihrem Können entsprechend arbeiten. Hier muss aber auch die Gesellschaft in die Pflicht genommen werden: Wenn immer mehr ausgebildet wird und immer mehr Leute studieren, müssen wir auch dafür sorgen, dass es Arbeit für diese Menschen gibt. Wir dürfen die Leute aber auch nicht überfordern, indem wir sagen, dass wir die einfachen, handwerklich begabten Leute nicht mehr brauchen. Das führt automatisch zu höherer Arbeitslosigkeit.

Ihr Textil- und Bekleidungsunternehmen produziert ausschließlich in Deutschland. Ihre Konkurrenz hat einen Teil der Produktion ins Ausland verlagert, wo die Personalkosten niedriger sind. Wie schaffen sie es, weiter rentabel zu produzieren?
Nehmen wir einmal die deutschen Textilunternehmer Schießer, Jockey und Steilmann. Ich kenne viele dieser Unternehmer. Sie waren gestandene Millionäre, als sie 100 Prozent in Deutschland produzierten. Ich kenne keinen der reicher geworden ist, seit er von den billigen Arbeitsplätzen im Ausland profitiert. Ich kenne aber viele, die ärmer geworden oder von der Bildfläche verschwunden sind. Hier stimmt etwas nicht. Ich muss wissen, dass eine Arbeitskraft in Deutschland teurer ist, weil sie mehr kann. Wenn ich eine einfache Sekretärin einstelle, ist sie sicher billiger als eine, die fünf Sprachen spricht. Auf meinen Betrieb übertragen ist das dann eine Näherin, die fünf Arbeitsgänge beherrscht. Um rentabel zu produzieren, darf ich keine Massenaufträge annehmen.

Der weltweite Preiskampf macht Ihnen also nichts aus?
Natürlich macht mir das etwas aus. Ich kämpfe mit jedem, wenn wir mit gleichen Bandagen kämpfen. Andere Unternehmen erhalten aber Subventionen, machen drei Mal Pleite, entledigen sich dadurch ihrer selbstverschuldeten Kosten und müssen damit auch ihren Pensionsverpflichtungen gegenüber den Mitarbeitern nicht mehr nachkommen. Das ist kein regulärer Wettbewerb mehr, das ist subventionierter Wettbewerb. Damit wird unsere Wirtschaft über kurz oder lang ausgelöscht.

Sie haben ja auch gesagt, dass die Leistung eines Unternehmers sich nicht in Umsatz und Größe zeigt, sondern in der problemlosen Erhaltung der Arbeitsplätze. Das klingt wie eine Absage an die Renditementalität.
Natürlich, ich kann mich mit Hilfe der Banken verdoppeln und verdreifachen. Wenn ein Unternehmer sagt, er habe 380 Millionen Euro Umsatz und man erfährt, dass er weit über 200 Millionen Kredit hat, dann ist das für mich indiskutabel. Es geht doch darum, was dieses Unternehmen wirklich geleistet hat. Wenn einer sagt, er hätte den Umsatz verdoppelt, muss gefragt werden, wie viel Schulden und wie viele Arbeitsplätze er hat. Und wenn er sagt: Ich habe 1.000 Arbeitskräfte gehabt und jetzt 2.000 und die Schuldenlast von 100 Millionen Euro Schulden nicht vergrößert, dann ziehe ich den Hut. Wenn er aber sagt, dass er den Umsatz verdoppelt und die Schulden verdreifacht hat, dann sage ich: So nicht!

(Quelle: http://www.politik.de/forum/wirtschaft-und-finanzen/62102-globalisierung-outsourcing-die-verantwortung-des-unternehmers.html, 15.05.2010)

Herausforderung Globalisierung – neue Unternehmensstrukturen bei Dienstleistern
79.1 Die weltweite Nachfrage und Verflechtung von Dienstleistungen basiert auf:
- einem weltweiten schnellen Datennetz
- der Unabhängigkeit von Dienstleistung nach standortgebundenen „Rohstoffen"; nachgefragt werden weltweit aber „Know-how", Investitionen, Informationen und Kontakte
- der Etablierung von Englisch als Weltsprache

79.2 Ziele und Maßnahmen der Deutschen Bank
Grundsätzlich: Rendite, Festigung und Ausbau der Marktstellung
- Erschließung neuer Märkte in Osteuropa und Asien nach politischer Wende
- weltweite Präsenz, d.h. überall vertreten sein, um möglichst nahe bei den Kunden sein und rasch auf Veränderungen reagieren zu können, stellenweise daher Übernahme von regionalen Banken bzw. Neugründungen
- Erhaltung bzw. Ausbreitung regionaler/deutscher Geschäftstugenden bzw. -kultur (Zuverlässigkeit, Sicherheit)

79.3 Vertrauen – Grundlage für Kreditmärkte:
- Finanzmärkte leben vom „Geldverleih" der Kreditvergabe (Kredit, lat. credere = glauben)
- Grundsatz: Glaube ich an meinen Kunden, dann verleihe ich Geld (er ist kreditwürdig), wenn nicht, dann behalte ich es!
- Ohne Investitionsgrundlage kann nichts investiert werden – die Wirtschaft wächst nicht, da die wenigsten Unternehmen genügend eigene finanzielle Mittel für Investitionen haben.

Risiko: Trotz der vielen Geschäfts- und Gewinnmöglichkeiten durch die Globalisierung gibt es auch Nachteile: Die Geschäfte werden oft undurchsichtig (andere Sprachen, andere Rechtsvorschriften, andere politische Systeme, Abhängigkeit von Spekulanten, undurchsichtige Geschäfts-/Unternehmensverflechtungen) – damit verbunden ist eine gewisse Nervosität, die sich auch an den internationalen Börsen zeigt. Diese nervös agierenden Börsenmärkte zeigen deutlich die zunehmenden Verflechtungen und Abhängigkeiten des weltweiten Marktes.

79.4 Individuelle Aufgabenlösung
Kernthese: Im Wesentlichen wird die Dekadenz eines aufgeblähten Finanzmarktes an den Pranger gestellt: Nachdem die Geschäfte mit nicht vorhandenem Geld bzw. nicht vorhandener Wirtschaftsleistung, die im großen Stil betrieben wurden, gescheitert sind, müssen die Nationalstaaten den systemrelevanten Finanzmarkt vor dem Kollaps retten. Pauschal ausgedrückt wird das tatsächlich erwirtschaftete Vermögen auf einem Finanzmarkt „verzockt", der nicht mehr auf seine eigentlichen Aufgaben konzentriert ist.

79.5 Individuelle Aufgabenlösung
Hinweis: Die Diskussion kann sich anhand der einzelnen Phasen auf SB S. 79 orientieren.

79.6 Individuelle Aufgabenlösung
Recherchehinweis: Der Fischer Weltalmanach betrachtet in jedem Jahr auf's neue die aktuellen Entwicklungen in diesem Bereich (Rubrik: Wirtschaft/ Kapitalmärkte).

Industrieländer und Entwicklungsländer im Prozess der Globalisierung

80.1 Ersichtlich ist 2006 eine Dominanz von Nordamerika, Westeuropa, Japan und Korea sowie die vergleichsweise untergeordnete Rolle der andere Staaten/Regionen. Bei der Beschreibung sollten die Schülerinnen und Schüler Bezug auf Werte in der Legende nehmen.

80.2 Der Text M2 beschreibt „unausgewogene Ergebnisse" der Globalisierung, welche international (wie in M1 zu sehen) als auch national auftreten.

80.3 Erläuterung: Individuelle Aufgabenlösung
Kernthese: Die Globalisierung zwingt Individuen, Unternehmen und ganze Staaten zu einer Neuorientierung auf einem zunehmend verflochtenen globalen Markt. Dabei gewinnen manche, machen gewinnen nur scheinbar und manche verlieren. Die Globalisierung überprägt die Erde in ein neues Mosaik von globalen Orten und Regionen, globalisierten Orten bzw. Regionen und der „Neuen Peripherie", die im Sinne des globalen Wettbewerbs als überflüssig erscheint.

Beispiele:

Gewinner	Scheingewinner	Verlierer
– Unternehmer die Standorte in Billiglohnländer verlegt haben und höhere Gewinne erzielen, – viele Produkte werden für Konsumenten in Wohlstandsgesellschaften billiger und einfacher verfügbar	– Unternehmer, die Standorte in Billiglohnländer verlegt haben, aber auch mit Problemen zu kämpfen haben (sinkendes Image, Produktpiraterie) – weniger entwickelte Länder, wenn dort wirtschaftliche Fortschritte mit hohen Folgekosten (Umwelt, Soziales) bezahlt werden	– Arbeitskräfte, welche Arbeitsplatz aufgrund der Verlagerungen in Billiglohnländer verloren haben – Menschen, die an Folgen der verstärkten Umweltschäden zu leiden haben – Arbeitskräfte, welche in Billiglohnländern unter extrem schlechten Bedingungen arbeiten müssen – Konsumenten, die Schäden durch billige aber mangelhafte oder sogar gesundheitsgefährliche Ware aus Billiglohnländern davon tragen – Unternehmen, die der steigenden Konkurrenz nicht standhalten können

82.1 Bezug zur globalen Fragmentierung:
M6: Fragmentierung in der Form von Gewinner (großer Fisch) und Verlierer (kleiner Fisch), d.h. der Stärkere „frisst" den Schwächeren, was sowohl für einzelne Menschen, Unternehmen, wie auch für ganze Volkswirtschaften gelten kann.
M7: Ein Land/ Standort verliert, wen es seine rechtlichen und politischen Rahmenbedingungen nicht so verändert, dass es den wirtschaftlichen Anforderungen gerecht wird. Es wird (oder verbleibt in der) Peripherie.
M8: Konzernsitze und Tochterunternehmen sind nicht gleichmäßig über den Globus verteilt sind; sie konzentrieren sich auf die westlichen Industrieländer und sind in den Entwicklungsländern und (noch) Schwellenländern eher unterrepräsentiert.

82.2 Begründung der Aussage Kofi Anans:
Nur bei politischer Stabilität, einem gesunden Maß an politischer Einflussnahme auf Märkte sowie Rechtssicherheit ist gewährleistet, dass ein Entwicklungsland von den Chancen der Globalisierung profitieren kann. Eine solche good governance ist auch die beste Grundlage für eine effektive Entwicklungszusammenarbeit.

83.1 Tabellarischer Überblick

Internationale Arbeitsteilung und seine ... für ...	**Vorteile**	**Nachteile**
Standorte	wirtschaftlicher Aufschwung an neuen Standorten	wirtschaftlicher Abschwung am alten Standort (Steuereinnahmen sinken, Arbeitslosenzahl sowie Ausgaben für diese steigen)
Unternehmen	– Hohe Kosteneinsparungsmöglichkeiten am Stammsitz – Imageverbesserung durch Argument neue Arbeitsplätze geschaffen zu haben – Imageverbesserung, da nun über mehrere internationale Standorte verfügend	– Imageverluste – Umstellungskosten (Anlagenneubau, Anlernen der Arbeitskräfte) – Risiko von Qualitätsmängeln – Transparenz/Kontrolle schwieriger – längere Transportwege/-dauer (Distanz, Zölle, ...) – kulturelle Unterschiede
Mitarbeiter	– Arbeitsplätze an neuen Standorten – verbesserte Lebensgrundlage in oftmals hoffnungslosen Situationen	– Arbeitsplatzverlust an alten Standorten – Seelische Belastung für Arbeitskräfte an alten Standorten; Angst davor „wegrationalisiert“ zu werden

83.2 Mögliche Ergänzungen:

a) Die Produzenten sind an der Gesundheitsgefährdung schuld, weil sie ...
- über ein unzureichendes Qualitätssicherungsmanagement verfügen
- den von den Konzernen vorgegebenen Kostendruck durch Einsparungen im Bereich der Qualität auszugleichen versuchen ...

b) Die Konzerne sind an der Gesundheitsgefährdung schuld, weil sie ...
- nur auf Profit aus sind und daher in Billiglohnländer gehen
- die selbst geschaffenen Unternehmensstrukturen/-geflechte nicht mehr durchschauen
- über ein unzureichendes Qualitätssicherungsmanagement verfügen ...

c) Die Konsumenten sind an der Gesundheitsgefährdung schuld, weil sie ...
- wenig Wert auf Qualität legen und nur billige Produkte kaufen wollen
- zu unkritisch beim Einkauf/Konsum sind (sich nicht genügend über die wirtschaftlichen Verflechtungen informieren)

83.3

	Chancen	**Risiken**
Entwicklungsländer	– Inititalzündung zur Wohlstandssteigerung in all seinen Facetten (Lebens-, Gesundheits-, Bildungs-, Ernährungsstandard)	– Ausbeutung des Menschen – Ausbeutung und Zerstörung der Natur (ggf. defacto: Nullwachstum) – Verstärkung der sozialen Spaltung – Konfliktpotenzial
Industrieländer	– für Einwohner: preisgünstigere Versorgung mit Gütern/Dienstleistungen und leichtere/schnellere Verfügbarkeit von Gütern/Dienstleistungen – Staat kann von Steuereinnahmen durch erfolgreiche Unternehmen und Direktinvestitionen profitieren	– Verstärkung der sozialen Spaltung gering qualifizierte „fallen durch“ – Bedeutungsverlust der Nationalstaaten zu Gunsten transnationaler Konzerne – Staat als „Auffangstation“ bei Finanz- und Wirtschaftskrisen – steigende Staatsverschuldung

Standort Deutschland – Gewinner und Verlierer

84.1 Durch die Zunahme des Verkehrs müssen weltweit immer neue Verkehrswege geschaffen werden. Besonders in dicht besiedelten Gebieten können diese Trassen nur unterirdisch verlaufen. Hinzu kommen noch kleine Tunnel und Rohrsysteme für Versorgungsleitungen.

84.2 Das Unternehmen produziert Spezialmaschinen die genau auf den Kundenwunsch abgestimmt sind und nach seinen Vorgaben individuell entwickelt und gebaut werden. Auf diese speziellen Anforderungen kann ein mittelständisches Unternehmen schneller und flexibler reagieren als ein Großkonzern. Dazu kommt noch, dass der Firmeninhaber Herrenknecht als Tunnelbauingenieur genaue Kenntnis für Problemlösungen hat, die er in Theorie und Praxis einbringen kann.

84.3 Das Unternehmen baut auf seine hoch qualifizierten Mitarbeitern, die selbstständig entscheiden können und nicht nur fundierte theoretische Kenntnisse haben, sondern auch in der Praxis ihr „Handwerk" verstehen und sich somit schnell und weltweit auf neue Situationen einstellen können.

85.1 Individuelle Aufgabenlösung
Kernthese: Im Wesentlichen prangert die Karikatur das Prinzip „Maximaler Profit" an, das auch durch den Konzern Nokia umgesetzt wird. Der an sich profitable Standort Bochum in Deutschland kann nur „hinterhergucken" wenn Nokia – eine noch größere Rendite vor Augen – seinen Packen schnürt und nach Rumänien zieht.

85.2 Individuelle Aufgabenlösung
Recherchehinweise:
- die spezialisierten und hochqualifizierten Mitarbeiter des Bochumer Werkes hatten keine Probleme, neue Arbeitsaufträge zu finden: http://www.welt.de/wirtschaft/webwelt/article4923564/Ex-Nokia-Mitarbeiter-entwickeln-neuen-Blackberry.html, (09.06.2010)
- die Stadt Bochum rief, unterstützt von der Landesregierung und schließlich auch Nokia, das Programm „Wachstum für Bochum" ins Leben: http://www.heise.de/newsticker/meldung/Nokia-ist-beim-Wachstum-fuer-Bochum-mit-33-Millionen-Euro-dabei-181815.html, (09.06.2010)
- http://www.bochum.de/C125708500379A31/vwContentByKey/W285BD7H762BOLDDE (09.06.2010)

85.3 Grundsätzliche Meinungsrichtungen:
Ich stimme dem Manager zu, denn es ist sozial, weil dadurch mehr Menschen, noch dazu in einem weniger entwickelten Land, zu Wohlstand kommen und die Deutschen durchaus etwas „zurückstecken" können, da sie sich auf einem sehr hohen Wohlstandsniveau befinden. Zudem verfügt die BRD über gutes soziales Netz durch die Arbeitslosenversicherung.
Ich stimme dem Manager nicht zu, denn was er sagt, bleibt letztlich unsozial. Die 3000 Menschen haben Familien, haben sich auf ihren Arbeitgeber verlassen und sich ggf. sogar verschuldet (Hausbau etc.); jetzt werden sie von ihrem einstigen Arbeitgeber einfach im Stich gelassen. Nokia entzieht sich seiner sozialen Verantwortung und hat hier nicht mit offenen Karten gespielt. Zudem ist es unsozial und kein solides Unternehmertum von Nokia, EU-Fördergelder abzurufen bzw. auszunutzen und dann einfach weiterzuziehen.

Standort Deutschland – Herausforderungen und Perspektiven

87.1 Hinweis: Es empfiehlt sich, diese Frage mithilfe eines Tabellenkalkulationsprogramms zu lösen.

	BNE/Ew US-$ (2007)	**Invest.-summe aus Ausland in Mrd. US-$ (2007)**	**öffentl. Bildungsausgaben in % des BIP (2007)**	**Arbeitskosten je Stunde in US-$ 2007**	**Jahresarbeitszeit in Stunden 2007**	**IMD Rang (2009)**
USA	1 46040	1 2093	1 5,7	3 24,59	2 2024	1 1
BRD	2 38990	3 630	2 4,4	4 37,66	4 1437	2 13
Japan	3 37790	4 133	3 3,5	2 19,75	3 1811	3 17
China	4 2370	2 1511	3 3,5	1 <5	1 2448	4 20
Indien	5 950	5 76	3 3,2	1 <5	k. A.	5 30

Auswertung:

	Rang 1	Rang 2	Rang 3	Rang 4	Rang 5
USA	4x	1x	1x	--	--
BRD	--	3x	1x	2x	--
Japan	--	1x	4x	1x	--
China	2x	1x	1x	2x	--
Indien	1x	--	1x	--	3x

87.2 Allgemein anerkannte Standortfaktoren Deutschlands sind offenbar:
- Rechtssicherheit
- gute Infrastruktur
- hochqualifizierte Arbeitskräfte
- Tradition in Qualität, Forschung und Kompetenz
- Marktgröße und Marknähe (EU, Mitteleuropa)

87.3 Überregulierung und starre Behördenstrukturen gehören zu den meistdiskutierten Standortproblemen Deutschlands. Im Kontext zu M6 spiegelt die Karikatur jedoch in ihrer bildhaften, übertreibenden Funktion aber auch den Umgang mit diesem Standortnachteil wieder: Zu oft konzentriert man sich in Deutschland auf derartige negative Aspekte in der Standortdiskussion und vernachlässigt es, sich die offensichtlichen Stärken des Standortes Deutschland bewusst zu machen. Im Ranking 2009 hat Deutschland in vielerlei Hinsicht sehr positiv abgeschlossen (SB S. 87 M6).

87.4 Der Vergleich gibt einen Diskussionsanlass, ob Deutschland für seine Zukunftsressource Bildung genügend tut. Diese ist von offensichtlicher Bedeutung für den Standort (M3, M7). Zwar hat die BRD allgemein betrachtet (M2) einen hohen Rang bei den Bildungsausgaben inne, es ist aber (ggf. unter Zuhilfenahme weiterer Recherchen) zu diskutieren, ob die Anstrengungen im Bildungsbereich ausreichen.

87.5 Unterschiede:
Made in Germany = Geplant, gefertigt und überprüft in Deutschland
Mady by Germany = Geplant, gefertigt und überprüft von einem deutschstämmigen Unternehmen, dass allerdings weltweit operieren kann. Planung, Fertigung und Überprüfung eines Produkts erfolgen daher nicht gänzlich in Deutschland.

87.6 Diskussion um Pro und Contra einer hohen Exportquote:

Pro	Contra (= hochproblematisch)
- Exporte bedeuten Arbeitsplätze, weil Güter produziert werden müssen - Steuereinnahmen für Staat (Lohn- und Einkommensteuer)	- Exporte bedeuten Abhängigkeit von ausländischen Abnehmern - Exporte führen zu Geldmengenanstieg im Inland bei gleichzeitigem Güterabfluss (Gefahr einer importierten Inflation) - anfällig für Produktpiraterie – Exporte ermöglichen Konkurrenten, leichter Produkte zu kopieren

87.7 Der Standort Deutschland

Standortvorteile	Standortnachteile
- verlässliche Verwaltung - technische Tradition - Verbundenheit zum Arbeitgeber - gute Infrastruktur - gutes Rechtssystem - selten Streiks - stabile Gesellschaft - hohes Bildungsniveau und gut ausgebildete Mitarbeiter - Nähe zum Kunden/Absatzmarkt (zahlungskräftig bzw. konsumfreudig) - hohe Produktivität	- schwerfällige Verwaltungsbürokratie - hohe Lohnkosten und sonstige Auflagen - geringe Arbeitszeiten/viele Urlaubstage

Diskussion um Optimierung der Standortqualität in Klasse
Hinweise: Gerade die Diskussion um die vermeintlich hohen Lohnkosten in Deutschland erscheinen vor dem Hintergrund der in den letzten Jahren intensiv betrieben Lohnzurückhaltung nicht mehr zeitgemäß: Deutschland hat in diesem Punkt stark seine Wettbewerbsfähigkeit verbessern können. Ein wichtiger und lohnender Diskussionspunkt kann aber die Struktur und Zukunftsfähigkeit des Bildungssystems sein.

Globalisierung und Tourismus
91.1 Auch wenn die Anfänge der Globalisierung bereits im 19. Jh. mit dem Beginn der industriellen Moderne gelegt waren, so können gegenwärtige Prozesse – wie die Entwicklungen in der Tourismusbranche – als Intensivierungsschub der Globalisierung betrachtet werden. Bei der Beantwortung der Frage könnte man zunächst noch einmal auf die im Buch S. 73 erwähnten grundsätzlichen Merkmale der Globalisierung eingehen und diese, unter gleichzeitiger Auswertung der Quelle S. 90 (M2), im Hinblick auf den Tourismus verifizieren: „Globalisierung beschreibt einen Prozess, bei dem sich ein Phänomen über die Erde ausbreitet." In diesem Zusammenhang liefert schon der Beginn der zitierten Quelle den Nachweis: „Zur Eigenart des Tourismus gehört, Grenzen in Raum und Zeit zu überwinden." Hier ließe sich auf die immer weiter entfernten Destinationen eingehen, die eben „in immer kürzerer Zeit auf zunehmend komfortable Weise und immer häufiger auch von weniger begüterten Schichten der Bevölkerung erreicht werden können." Es werden immer ausgefallenere Destinationen produziert und immer mehr Touristen angelockt.

Das Phänomen der Globalisierung ist weiterhin (SB S. 73) durch einige grundsätzliche Merkmale gekennzeichnet, die ebenfalls mit dem Tourismus abgeglichen werden können:
- Internationale Verflechtung der Akteure: Die Tourismusbranche zählt seit Jahrzehnten weltweit zu den am stärksten wachsenden Wirtschaftszweigen und generiert internationale Kapital-, Informations- und Know-how-Ströme (einige Daten und Fakten dazu siehe in der rechten Textspalte SB S. 90). Gleichzeitig werden erhebliche Geldmittel in nationale und internationale Finanz- und Kapitalmärkte eingespeist.
- weitreichende räumliche Auswirkungen: Der Nachweis, dass der Tourismus auch weitreichende räumliche Auswirkungen hat, wäre hier über die ständig sich ausdehnende Infrastruktur für den Freizeit- und Urlaubsverkehr, über die Bebauung mit touristischen Anlagen oder etwa über die vielfältigen touristischen Freizeitaktivitäten bzw. -anlagen in der Natur zu führen.
- Breiten- und Tiefenwirkung: Tourismus beschleunigt die Prozesse der kulturellen Globalisierung, die weltweite Verbreitung neuer Konsummuster, Bedürfnisstrukturen und Werte. Er stellt auf globaler Ebene eine Schnittstelle zwischen den unterschiedlichen Dimensionen dar: Wird er möglicherweise zunächst hauptsächlich als ökonomisches Phänomen gesehen, so sind politische, kulturelle und auch soziale Aspekte nicht zu vernachlässigen (siehe dazu auch noch einmal SB S. 72 M4: Formen der Globalisierung).

Kritischer Ausblick:
Sind mit dem Begriff „Motor" in erster Linie die mit dem Tourismus verbundenen Entwicklungssprünge zu sehen, so generiert diese Branche natürlich auch etliche bedenkliche Entwicklungen:
- Quelle für Umweltschäden,
- Aufbau von Überkapazitäten
- Abhängigkeit von einer prosperierenden Weltökonomie und niedrigen Energiepreisen

91.2 Die Entwicklungen im internationalen Tourismus
Das kontinuierliche Wachstum der Tourismusbranche seit den 50er-Jahren weist den Tourismus als eine der bemerkenswertesten wirtschaftlichen und sozialen Phänomene des vergangenen Jh. aus. Die Zahl der internationalen Ankünfte zeigt eine Entwicklung von nur 25 Millionen im Jahr 1950 auf 806 Mio. im Jahr 2005, das entspricht einer durchschnittlichen jährlichen Wachstumsrate von 6,5 %. Während dieser Zeit entwickelte sich der Tourismus besonders stark in Asien und im pazifischen Raum (13 % im Durchschnitt pro Jahr) sowie im Nahen Osten (10 %), während in Nord- und Südamerika (5 %) und Europa (6 %), das Wachstum etwas unter dem weltweiten Durchschnitt lag. Neue Destinationen konnten stetig ihren Marktanteil steigern, während „reifere" Regionen wie Europa und USA ein weniger dynamisches Wachstum verzeichneten. Europas Weltanteil sank um über 10 Prozentpunkte seit 1950, während die USA 13 Prozentpunkte verlor. Die USA wurde in den vergangenen Jahren nicht nur am stärksten von den Rückgängen betroffen, sondern seine durchschnittliche jährliche Wachstumsrate im Bereich des Tourismus lag im Zeitraum 1950–2000 mit 5,8 % auch stets unterhalb des Weltdurchschnitts (6,8 %). Dennoch waren Europa und USA die wichtigsten touristischen Zielländer zwischen 1950 und 2000. Beide Regionen hielten einen gemeinsamen Marktanteil von über 95 Prozent im Jahr 1950 und im Jahr 2000 immerhin noch 76 %.

Zukunftsprognosen in Bereich des Tourismus und deren Zuverlässigkeit:
Die UNWTO-Prognose geht davon aus, dass auch in Zukunft der Tourismus über bedeutende Wachstumsraten verfügen wird. Die Zahl der grenzüberschreitenden Touristenankünfte wird weiter zunehmen, allerdings langsamer als bisher. Für das Jahr 2020 geht man von weltweit rund 1.600 Mio. touristischen Ankünften aus und rund 7 % der Weltbevölkerung werden internationale Reisen unternehmen. Vor allem der Anteil der Fernreisen wird vermutlich weiter steigen. Solche Prognosen bereiten jedoch im Touristikbereich erhebliche Schwierigkeiten: Einerseits entziehen sich viele relevante Faktoren (Wetterverhältnisse, individuelle Vorlieben und Stimmungen) einer statistisch-ökonomischen Bewertung. Weiterhin kommen nicht vorhersehbare Störungen wie etwa Wirtschaftskrisen, Streiks, Bürgerkriege, Terrorismus und Naturkatastrophen hinzu.

Hinweis: Eine gute Quelle stellt in diesem Zusammenhang der Bericht des Bundestagsausschusses für Bildung, Forschung und Technikfolgenabschätzung „Zukunftstrends im Tourismus" von 2006 dar; er steht im Internet zum Download zur Verfügung.

91.3 Die stärksten interkontinentalen Reisebewegungen werden weiterhin zwischen Europa und Amerika stattfinden, die bereits heute über drei Viertel aller touristischen Ankünfte auf sich vereinen, sowie zwischen der Region Ostasien/Pazifik und Amerika und zwischen Europa und Ostasien/Pazifik.
Fakten/Trends:
- USA hält derzeitigen Anteil
- Europa bleibt im Spitzenbereich der Ankünfte, wird aber zu Gunsten von Ostasien verlieren
- USA und Europa gelten damit als weitgehend gesättigte Märkte (in Europa werden der Mittelmeerraum und Osteuropa (v.a. Russland) noch als Wachstumsmärkte eingestuft
- Wachstumsmärkte mit besonderer Dynamik sind der Nahe Osten, China und die Region Südostasien/ Pazifische Inseln (sowohl hinsichtlich der internationalen Ankünfte als auch der Integration von Reisenden aus diesen Regionen in die weltweiten Reiseströme)
- Bedeutung der intraregionalen Reisen in Ostasien wächst

91.4 Individuelle Aufgabenlösung
Bedingungen für positive wirtschaftliche Effekte (Beispiele):
- Devisen verbleiben im Zielland:

Laut UNWTO und des Studienkreises Tourismus und Entwicklung sind für etwa ein Drittel der Entwicklungs- und Schwellenländer die Einnahmen aus dem Tourismus die wichtigste Devisenquelle. Sollen vom Tourismus positive Effekte für diese Länder ausgehen, ist deshalb dafür zu sorgen, dass diese Devisen in den Reiseländern bleiben und nicht ins Ausland abfließen.
- Ökonomische Partizipation der einheimischen Bevölkerung:

Es muss auf eine stärkere ökonomische Partizipation der Einheimischen geachtet werden. Die Bevölkerung muss an den entsprechenden Entscheidungsprozessen beteiligt werden. Auch eine bessere Ausbildung der im Tourismus Beschäftigten sowie eine Erhöhung der Wertschöpfung in den Zielgebieten sind wichtige Voraussetzungen für positive wirtschaftliche Effekte des Tourismus.

- Förderung der Sensibilisierung und Aufklärung der Urlauber:
Der Einfluss des Tourismus auf die Gesellschaften und Kulturen der bereisten Länder ist von Land zu Land, von Kultur zu Kultur unterschiedlich. Unbestritten ist aber, dass der Tourismus die bereisten Kulturen jeweils verändert. Reiseveranstalter könnten zur Förderung eines besser angepassten und sensibleren Reiseverhaltens vor allem Verbesserungen im Bereich der Information und Aufklärung von Touristen vor und während der Reise gewährleisten. Westliche Moralstandards und Wertvorstellungen sollten nicht auf die Tourismusregionen in den Entwicklungsländern übertragen werden.
- Schutz von Frauen und Kindern vor Sextourismus:
Zu den erschreckenden Folgewirkungen des Fernreisetourismus gehört nach wie vor die sexuelle Ausbeutung von Frauen und Kindern. Der Tourismus ist zwar nicht die Ursache der sexuellen Ausbeutung, aber die Täter nutzen touristische Angebote, um strafbare Handlungen fern der Heimat zu begehen.

Raumbeispiel: Thailand
93.1 Die Graphiken in M2 belegen die im Text SB S. 92 erwähnte rasante „Erfolgsgeschichte" des thailändischen Tourismus. Hier zur Ergänzung noch einige Angaben zu den Touristenzahlen: Besuchten 1960 nur 81 000 ausländische Touristen das Land, waren es 1970 bereits 629 000. Im Jahr 2004 wurden 11,65 Mio. touristische Einreisen registriert und 2007 waren es bereits 14,46 Mio. Damit steht das Land innerhalb Südostasiens an der Spitze. Die meisten Touristen kommen dabei aus Asien – vor allem aus Japan und Malaysia – immerhin kommt aber noch mehr als ein Viertel der Thailandreisenden aus Europa, was bei einer Flugzeit von 12 bis 14 Stunden ein erstaunlich großer Anteil ist.
Angesichts dieser Zahlen ist der Einfluss des Tourismus auf die thailändische Wirtschaft sehr hoch: Die ausländischen Touristen haben für Thailand die größte Bedeutung für den Zufluss von Devisen. Der seit der Asienkrise nahezu kontinuierliche Anstieg des gesamten BIP Thailands korreliert mit dem durch den Tourismus erwirtschafteten Anstieg des BIP und letzteres trug eben zum Beispiel 2007 6,7 % zum gesamten BIP bei. Auch die ausländischen sowie die thailändischen Direktinvestitionen sind eng an den Wirtschaftsfaktor Tourismus gekoppelt. Insgesamt reicht die Bedeutung des Tourismus noch über alle quantifizierten Zahlen hinaus, weil sich manche Bereiche einer exakteren quantitativen Erfassung entziehen: So ist für etliche Inlanddestinationen der ökonomisch bedeutende Binnentourismus nur teilweise quantitativ erfasst (zum Beispiel für Ko Samet, Teile Phukets oder Hua Hin). Eine weitere Dunkelziffer ist anzunehmen, da im Übernachtungsgewerbe sowie in der Gastronomie etliche semiformelle Geschäftspraktiken vorherrschen. Und schließlich werden fast alle ergänzenden touristischen Dienstleistungen in Thailand vom informellen Sektor erbracht: von Klein- und Kleinstbetrieben, von Ticket-Agenturen, Internet-Läden, Auto- oder Motorradverleih bis zu den Garküchen und offenen Straßenverkaufsständen. Deshalb sind insgesamt weder die Arbeitsplatzeffekte noch die finanzwirtschaftlichen Dimensionen des thailändischen Tourismus genauer bezifferbar. Sie liegen aber sicher noch einmal deutlich höher, als die ohnehin schon eindrucksvollen Zahlen der offiziellen Statistik.

<u>Zusatzinformation – Einbrüche im thailändischen Tourismus</u>
- Asienkrise 1997
- SARS Pandemie 2002/2003
- Tsunami 2004

Neuere Ereignisse:
- Weltwirtschaftskrise seit 2008
- Unruhen in Bangkok 2010

93.2 Politisch-planerische Problemfelder im Tourismus Thailands:
- weitgehend spontane ungeplante Entwicklung in den Fremdenverkehrsregionen
- weitgehend fehlende Sanktionsmöglichkeiten der thailändischen Fremdenverkehrsbehörden gegen privatwirtschaftliche Initiativen
- politisch-geographische Konflikte und individuelle Vorteilsnahme im Rahmen der Landreform in touristisch nutzbaren Regionen, insbesondere bei der Vergabe von formellen Landrechten (Schwerpunkt hier: die Insel- und Festlandküsten Südthailands)
- Korruptionsaffären bei der Erschließung und beim Ausbau von Fremdenverkehrsstandorten

Hintergrundinformation – Konflikte im Tourismusgeschäft

Die Erschließung neuer Küstenabschnitte und der anschließende Ausbau mit Fremdenverkehrsinfrastruktur bilden wegen der zu erwartenden Gewinne im Tourismus immer einen Ansatzpunkt für zum Teil massive Raumnutzungskonflikte. Befragungen von Ressortbesitzern auf Ko Chang ergaben, dass dabei als Probleme vor allem folgende Punkte angesprochen werden: Die mangelnde Beteiligung der breiten lokalen Bevölkerung bei einer gleichzeitig zu schnellen Entwicklungsgeschwindigkeit der touristischen Transformation, das Vorherrschen klientelischer Strukturen und Korruption, sowie die Gefahr des Ausverkaufs der lokalen Standortressourcen an zahlungskräftige Investoren von außerhalb. Ein Dreh- und Angelpunkt in diesen Konflikten ist häufig die Landspekulation. Die zu erwartenden Gewinne bringen vor allem auch überregionale, von Bangkok aus operierende Geschäftsleute und Spekulanten auf den Plan, die sich einen Zugriff auf die autochthonen Ressourcen zu verschaffen suchen. Der Konflikt um die Erschließungsrechte ist eng verknüpft mit dem Kampf um den Erwerb von Eigentumsrechten über das Land. Solche Auseinandersetzungen haben in Thailand deshalb eine spezielle Dynamik, weil hier eine seit vielen Jahren laufende Landreform daran arbeitet, die traditionell informellen Formen des Landbesitzes in ein an westlichen Rechtstraditionen orientiertes Eigentumsrecht umzuwandeln.

Dieser Prozess eröffnet mit seiner babylonischen Vielfalt von Verfahren und Vorschriften auch in den Tourismuserschließungsregionen breite Möglichkeiten der individuellen Vorteilsnahme. Konkret bringen dabei einflussreiche und zahlungskräftige Akteure teilweise mit Hilfe von Strohmännern (zum Beispiel Verwandten, Bekannten) an attraktiven Küstenabschnitten größere Flächen unter ihre Kontrolle. Dort organisieren sie dann eine touristische Inwertsetzung im großen Stil und oft mit wenig Rücksicht auf die sozialen und ökologischen Belange vor Ort. Die Brisanz und Größenordnung solcher Konflikte trat an einem spektakulären Landreform-Skandal Mitte der 90er Jahre zutage, als hochrangige Kabinettsmitglieder des damaligen Premiers Chuan Leekpai in einen Landreformskandal um exklusive Küstenabschnitte auf der Halbinsel Phuket verwickelt waren. Dieses „Phuket land reform fiasco“ führte damals zum Rücktritt der Regierung unter dem Druck von Opposition und Medien. Was an solchen Standortkonflikten deutlich zutage tritt, ist das Fehlen einer durchsetzungskräftigen regionalen Strukturplanung, die im Bereich des Fremdenverkehrs solchen unkontrollierten Prozessen eine vorausschauende Erarbeitung von touristischen Entwicklungsplänen entgegensetzen könnte. Zwar sind Steuerungs-, Schutz- und Erhaltungsziele für die Tourismuserschließung mittlerweile sowohl in allgemeinen Entwicklungsplänen des NESDB (1996) als auch in den Strategiepapieren der TAT (2001) enthalten, aber den Behörden fehlt angesichts der traditionell liberalistischen Politik des Landes die entsprechende, auch formaljuristisch fixierte, Sanktionskompetenz. Deswegen folgen sowohl die Erschließung als das oft schnelle Wachstum der Touristenorte zumeist dem freien Spiel der beteiligten Kräfte.

(Quelle: Reuber, Paul: „Probleme des Tourismus in Thailand“ GR 55, 2003/Heft 3, S. 16.)

Für den bilingualen Unterricht sei auf den entsprechenden englischen Aufsatz verwiesen:
Martin Friese und Paul Reuber: Power and Conflict on the Coasts of Thailand, GR International Edition Vol. 4, No. 1/2008, S. 34–40

93.3 Die wirtschaftliche Rolle des Tourismus wird in Thailand sicherlich breit akzeptiert. Dennoch werden auch mit diesem Wirtschaftsfaktor verbundene Probleme in der thailändischen Öffentlichkeit mittlerweile zunehmend wahrgenommen und dort in Politik und Medien kontrovers diskutiert. In M3 werden deshalb am Fallbeispiel Ko Chang Problemkreise des Tourismus veranschaulicht, die in der thailändischen Eigensicht selbst angesprochen werden, sei es in der Fremdenverkehrsplanung, in den Medien oder von den lokalen Betreibern. Bei der entsprechenden Befragung der Bevölkerung waren Mehrfachnennungen möglich. Die Graphik M3 zeigt, dass der Problematik der Landkonflikte die größte Bedeutung beigemessen wird.

Versuche zur Steuerung der Globalisierung

95.1 Aufgaben der WTO:
- Beschlussfassung und Überwachung von Handelsabkommen und Regeln zum Welthandel (Koordination der Welt-Wirtschaftspolitik)
- Streitschlichtung
- Vertragsmanagement

Bedeutung: Die Welthandelorganisation ist ein Schlüsselelement, um das Ziel eines stärker vernetzten Welthandels als Basis eines intensiveren Welthandels umzusetzen. Ihre Bedeutung wird unter anderem auch in der Heftigkeit der Kritik deutlich, in der sie beständig steht.

95.2 Individuelle Aufgabenlösung

97.1 Den genannten Organisation wird insbesondere vorgeworfen, in ihrem Aufbau und ihrer Struktur genau die Machtverteilung widerzuspiegeln, die als Ursache für eine ungerechte Entwicklung empfunden werden. So gelten die Organisationen letztlich als Exekutive einer vom Westen dominierten Wirtschaftspolitik und damit als „Handlanger" westlicher Wirtschaftsinteressen.

97.2 Individuelle Aufgabenlösung

97.3 „Gesichter" nach STIGLITZ:
Globalisierung pro: zunehmender Kapitalfluss in Entwicklungsländer, Ausweitung des internationalen Handels, breitere ökonomische Entwicklung der Welt – letztendlich Besserstellung aller (Entwicklungs- und Industrieländer)
Globalisierung contra: steigende Arbeitslosigkeit in den Industrieländern (v.a. bei gering qualifizierten Arbeitskräften), Ungerechtigkeiten durch nationale Subventionen, unterschiedliche Vorstellungen von Arbeitsschutz, Umweltprobleme, Verlust der kulturellen Identität

97.4 Individuelle Aufgabenlösung
Eine mögliche Argumentationskette könnte als Ausgangspunkt die Erkenntnis verwenden, dass Globalisierung nicht einfach umkehrbar, sondern nur besser gestaltbar ist. Aufgrund der zentralen Bedeutung technologischer und ökonomischer Entwicklungen und Prozesse für die menschliche Zivilisation ist die Globalisierung eine zwangsläufige Erscheinung in der Entwicklung der Menschheit, die man nicht einfach abstellen kann.

Kapitel 2.1. Der demographische Wandel in Deutschland

Ursachen und Folgen des Wandels
101.1 Die Geburten- und Sterberaten in Deutschland oszillieren sehr stark. Dennoch ist ein relativ hohes Bevölkerungswachstum zwischen 1815 und 1920 auszumachen, das bei etwa 1,2 % liegt. Zahlreiche Ereignisse beeinflussen in dieser Zeit sowohl die Geburten- als auch die Sterberate, allem voran der Erste Weltkrieg, verstärkt in seinen Auswirkungen durch die Grippeepidemie 1917. Zwischen den beiden Weltkriegen nimmt das Wachstum ab; erneut, wenn auch weniger, in dem anschließenden Zeitraum bis 1965. Bis auf die Extremereignisse sinken Geburten- und Sterberate mehr oder weniger kontinuierlich zwischen 1815 und 1965, wobei die Geburtenrate stärker sinkt, was zu einem Rückgang des Bevölkerungswachstums führt.
Eine bis dato nur zu Zeiten der beiden Weltkriege gekannte negative Bevölkerungsentwicklung setzt im Jahr 1971 ein. Sie verstärkt sich zusehends, unterbrochen lediglich durch den Wendeknick. Schätzungen gehen davon aus, dass sich bis 2030 die Geburten- und Sterberate kontinuierlich auseinander bewegen und sich die negative Bevölkerungsentwicklung folglich verstärkt.
Dass trotz rückläufiger Geburtenrate und negativer Bevölkerungsentwicklung immer noch ein Anstieg der absoluten Bevölkerungszahlen zu verzeichnen ist, hat zum einen mit der Trägheit des Bevölkerungswachstums, zum anderen mit dem positiven Wanderungssaldo zu tun.

101.2 Individuelle Aufgabenlösung

101.3 Die Bevölkerungsentwicklung in Deutschland wird, nachdem das negative Wachstum bereits in den 1970er-Jahren eingesetzt hat, ab 2010 rückläufig sein. Dies ist mit großen gesellschaftlichen und wirtschaftlichen Problemen verbunden, angefangen bei der Vergreisung der Gesellschaft und der Nicht-Auslastung infrastruktureller Einrichtungen bis hin zur Überbeanspruchung der Sozialsysteme, fehlenden Arbeitskräften und einer negativen Wirtschaftsentwicklung.
Die Ursachen dieser demographischen Entwicklung sind vielfältig und im Einzelnen auf SB S. 100 (M2) aufgeführt.

101.4 Individuelle Aufgabenlösung
Hinweis: Die Entwicklung des Altersaufbaus der Bevölkerung in Deutschland zeigt deutlich die zurückgehenden Geburten (immer weniger Kinder) und den Alterungsprozess der Gesellschaft mit einer zunehmenden Belastung der auf einen Generationenvertrag hin zugeschnittenen Sozialsysteme.

101.5 Individuelle Aufgabenlösung
Recherchehinweis: Informationen und Berichte zum Thema Demographischer Wandel finden sich zum Beispiel auf der Website der Bundeszentrale für politische Bildung www.bpb.de, sowie diversen Interne-tauftritten von Ministerien.

Regionale Differenzierung des Wandels
103.1 Individuelle Aufgabenlösung
Beispiel: Das Bundesland Mecklenburg-Vorpommern (vgl. SB S. 104/105) ist wie die anderen neuen Bundesländer besonders betroffen von Wanderungsverlusten und einer starken Alterung der Bevölkerung. Aus den strukturschwachen Räumen Ostdeutschlands, in denen es an Arbeits- und Ausbildungsplätzen sowie an Zukunftschancen mangelt, sind nach der Wende fast zwei Millionen Menschen nach Westdeutschland gezogen, mit fatalen Folgen: Steuereinnahmen sinken; es werden weniger Waren produziert, und die Bevölkerungsentwicklung wird negativ beeinflusst. Zum einen schrumpft die Bevölkerung, weil weniger Kinder geboren werden (Frauen im gebärfähigen Alter sind überproportional unter den Migranten vertreten), zum anderen steigt der Anteil älterer Menschen. Beides, Überalterung sowie Migration und sinkende Geburtenrate, beeinträchtigt das wirtschaftliche Wachstum.

103.2 Die Migrationsströme in Deutschland sind deutlich in Nord-Süd-Richtung ausgerichtet. Im Zeitraum zwischen 1999 und 2003 wanderten fast 435 000 Menschen in den Süden der Republik (Bayern, Baden-Württemberg, Rheinland-Pfalz und Saarland), während die Mitte (Hessen und Nordrhein-Westfalen) rund 175 000 Zuwanderer anzog und der Norden lediglich 22 000 (Schleswig-Holstein, Niedersachsen, Hamburg, Bremen). Die meisten Zuwanderer stammen aus den neuen Bundesländern, rund 340 000. Es gibt eine Reihe von Push- und Pullfaktoren für die Ausrichtung der Wanderströme. Dazu zählen schlechte Arbeits- und Verdienstmöglichkeiten sowie ggf. unzureichende Infrastruktureinrichtungen in den Herkunftsgebieten und gute Arbeits- bzw. Ausbildungsmöglichkeiten sowie eine relativ hohe Lebensqualität in den Zielregionen.

103.3 Im Laufe der Siedlungsgeschichte haben sich die Stadt-Umland-Beziehungen so entwickelt, dass sich beide Regionen zu ihrem gemeinsamen Vorteil ergänzen. In diesem Stadt-Land-Verbund übernimmt die Stadt in der Regel die höherwertigen zentralen Versorgungsdienste, zum Beispiel im Bereich der Bildung, der Medizin und der Kultur. Der ländliche Raum dagegen versorgt die Stadt mit landwirtschaftlichen und Umweltgütern. Somit stellt er sich gleichermaßen als städtischer Ergänzungs- und Entlastungsraum dar.
Durch den demographischen Strukturwandel läuft dieses traditionelle Zusammenspiel Gefahr auseinander zu brechen. Dies wird vorrangig durch eine Verstärkung der Pushfaktoren in den ländlichen Regionen hervorgerufen, aber z. B. auch dadurch, dass alte, überkommene Industriereviere für junge und qualifizierte Menschen nicht mehr attraktiv genug sind. Die (zu erwartende) Landflucht – in einigen Regionen geradezu eine Bevölkerungsimplosion – verschlechtert die Versorgung in den ländlichen Regionen – Busse und Bahnen stellen den Betrieb ein, Poststellen und Schulen werden geschlossen, und von den wirtschaftlichen Grundlagen bleibt kaum etwas übrig. So verlieren die Regionen weiter an Attraktivität, was wiederum die Pushfaktoren verstärkt – ein Teufelskreis. Dem Exodus der ländlichen oder strukturschwachen Regionen kann durch eine verbesserte Anbindung an die Zentren, durch eine verbesserte Versorgung mithilfe von Informationstechnologie sowie durch eine bessere Auslastung vorhandener Infrastrukturen begegnet werden. Dennoch ist der Trend in eine Aufteilung des Landes in wachsende und schrumpfende Regionen kaum aufzuhalten: Die Menschen folgen dem Wohlstand und wandern vom Land und aus strukturschwachen Regionen in perspektivreiche Ballungsgebiete. Daneben wandern sie verstärkt aus städtischen Zentren in deren Grüngürtel mit einer höheren Lebensqualität.

Raumbeispiel: Mecklenburg-Vorpommern
105.1 Verortung der Industriezweige:
Maschinenbau: Rostock, Wismar, Güstrow, Neubrandenburg, Stralsund
Elektrotechnik: Schwerin
Nahrungsmittelindustrie: Rostock, Sassnitz
Biotechnologie: Greifswald
Chemische Industrie, Kunsstoffe: Lubmin
(Lösung zum Beispiel mit Diercke Weltatlas Seiten 26/27)

105.2 (a) M3 prognostiziert, dass Mecklenburg-Vorpommern 2020 einen Bevölkerungsbestand von 1,5 Millionen Einwohnern haben wird und dass sich der Abwärtstrend über den gesamten Vorausberechnungszeitraum fortsetzen wird. In den vier Landesteilen gibt es nur graduelle Unterschiede. Jedoch sind von der negativen Bevölkerungsentwicklung insbesondere die östlichen Landesteile betroffen. Während in den 1990er Jahren der Wanderungsverlust die Hauptursache für den Bevölkerungsrückgang war, wird dieser in Zukunft immer stärker vom bestehenden Geburtendefizit bestimmt sein. Die Zahl der Lebendgeborenen sinkt. Ursache hierfür ist die rückläufige Zahl der potenziellen Mütter.

(b)

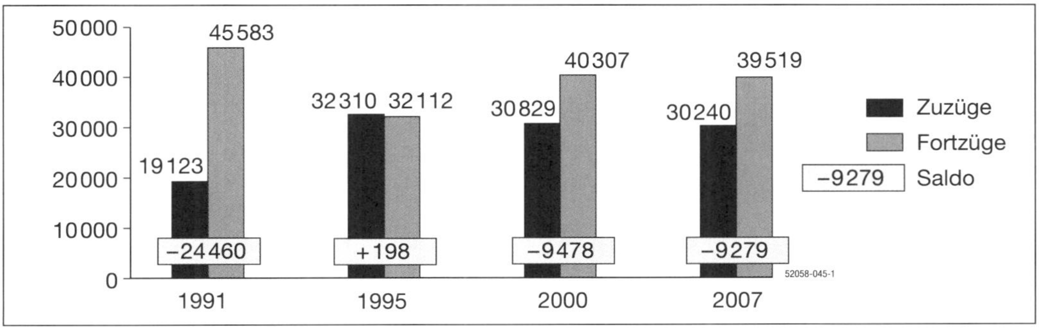

(c)

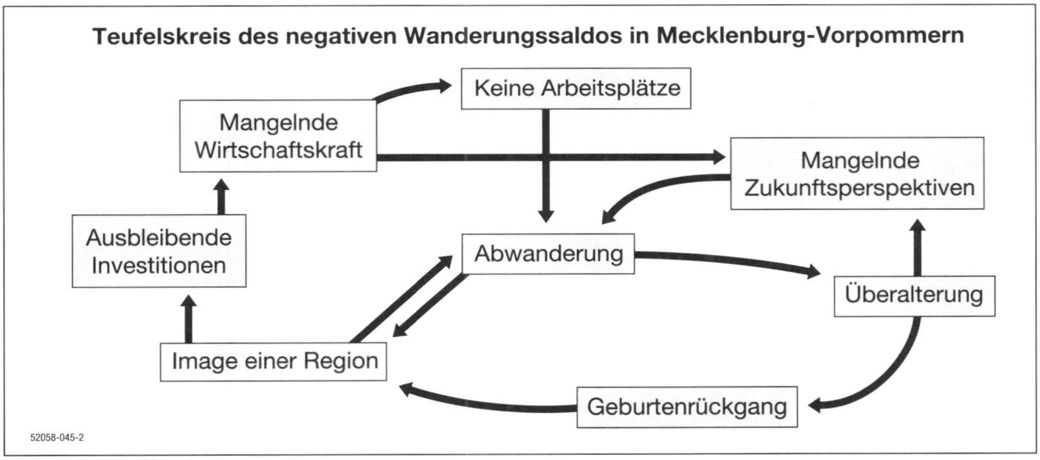

(d) Individuelle Aufgabenlösung
Hinweis: Grundsätzlich ist eine differenzierte Betrachtung angebracht: Im Durchschnitt mit anderen Bundesländern kann Mecklenburg-Vorpommern als ein Bundesland mit „einem demographischen Problem" bezeichnet werden. Allerdings verfügt das Land auch über Wachstumsregionen oder zumindest Gebiete, die relativ stabil sind. Als regelrechte „Problemgebiete", bei denen die realistische Möglichkeit einer demographischen Verwüstung besteht, müssen indes viele ländliche Räume im Osten des Bundeslandes bezeichnet werden.

105.3 Individuelle Aufgabenlösung

105.4 Hier sind insbesondere Teile Ostbayerns (Freyung-Grafenau, Regen) und Frankens (Main-Spessart, Bad Kissingen, Rhön-Grabfeld, Schweinfurt, Haßberge, Coburg, Lichtenfels, Kronach, Kulmbach, Hof, Bayreuth Wunsiedel) in Betracht zu ziehen.

105.5 Individuelle Aufgabenlösung

Kapitel 2.2 Entwicklungen in städtischen Räumen Deutschlands

Räumlich-funktionale Gliederung deutscher Städte

107.1 Im Mittelalter bildete der Markplatz mit der Kirche das Zentrum der Stadt. Die Wohn- und Gewerbeviertel lagen innerhalb der Stadtmauern und teilweise waren Arbeits- und Wohnplatz räumlich nicht voneinander getrennt. Zu Beginn der Neuzeit wurden Vaubansche Wehranlagen (Prägung der sogenannten Fürstenstädte durch Befestigung mittels Bastionen und einem freien Schussfeld) gebaut und teilweise lag das Schloss im Zentrum der Stadt (Fächerstadt Karlsruhe) um den absolutistischen Anspruch zu verdeutlichen. Die Manufakturen nutzten die Wasserkraft und finden sich deshalb an den Flüssen. Beginn der Trennung von Arbeits- und Wohnplatz:
Während der Industrialisierung erweiterten sich die Städte und die ursprüngliche Stadtmauer verlor an Bedeutung. Die Infrastruktur änderte sich von Wegen und Gassen zu Straßen, die teilweise ringförmig um die Stadt angelegt waren. Die Eisenbahn und der Bahnhof veränderten/verlagerten das Zentrum in Richtung Bahnhof. Im Bereich der Eisenbahn siedelten sich Fabriken an und es bilden sich deutliche Wohnviertel heraus. Dabei sind die Arbeiterviertel mit Wohnblöcken (Distanz Arbeits- zu Wohnplatz gering) und die Villenviertel der Fabrikbesitzer zu unterscheiden (soziale Segregation).
In der Gegenwart ist die Stadtmauer nur noch teilweise vorhanden und die Stadt hat sich deutlich erweitert. Teilweise sind Umgehungsstraßen angelegt und an den Ausfallstraßen finden sich Einkaufszentren und Gewerbeparks. Einzelne am Stadtrand gelegene Wohn- und Siedlungsanlagen kennzeichnen den Wunsch nach einem Haus mit Garten. Flüsse sind im Stadtgebiet kanalisiert. Die unterschiedlichen Gliederungskriterien lassen sich durch die Veränderung der Lebensgewohnheiten erklären: Schutz nicht mehr nötig, Trennung von Arbeits- und Wohnplatz, Einkauf nicht mehr am Markt sondern im Einkaufszentrum, Wunsch nach Haus im Grünen.

107.2 Bei der Aufgabe geht darum, die jeweiligen Stadtbildungsfaktoren zu den vier Modellphasen zu benennen, zu erklären, wie diese Faktoren die Stadt in der jeweiligen Phase prägten und worin die Prägung noch heute fortwirkt.

Beispiele: Im Mittelalter könnten dies der Bezug auf einen Herrschaftssitz (Burg, Bistum), eine Kreuzung von bedeutenden Handelswegen (Marktplatz, Niederlagsrecht) oder das Schutzbedürfnis (Stadtmauer, Stadtgraben, Stadttore) sein. In den mittelalterlichen Altstädten liegen heute oft zahlreiche Sehenswürdigkeiten und touristische Anziehungspunkte, aber auch Mittelpunkte des geistig-kulturellen Lebens. Wegen der meist engen Gassen und des hohen Fußgängeraufkommens sind teilweise Fußgängerzonen eingerichtet, in denen sich Einzelhandel und Gastronomie konzentrieren können.
Am Beginn der Neuzeit könnte die Stadtmauer zu einer Befestigung ausgebaut (Vauban'sche Wehranlagen mit Bastionen, Gräben) bzw. später ganz aufgegeben worden sein (Schleifen der Festungsanlagen). An ihrer Stelle entstanden später Ringstraßen und Grünanlagen als markante Begrenzungen der Altstadt. Oft wurden in dieser Zeit erste Manufakturen an den Wasserläufen am Stadtrand gegründet. Aus ihnen gingen später die Fabriken hervor. Entscheidungen zum Städtebau gingen v.a. von den Landesherren und dem wirtschaftlich aktiven wohlhabenden Bürgertum der Städte aus.
Die Zeit der Industrialisierung brachte den Anschluss an die Eisenbahn mit einem Güter- und Personenbahnhof (oft am Rand der Altstadt gelegen), Industriegebiete in verkehrsgünstiger Lage (zum Beispiel an Kanälen oder Gleisanlagen), den Bau eines neuen, leistungsfähigeren Straßensystems und den Ausbau der Wohngebiete. Alte Manufakturen wurden zu Fabriken umgebaut. In den meisten Fällen fielen spätestens in dieser Phase die Stadtbefestigungen, das Stadtzentrum entwickelte sich oft in Richtung des Bahnhofes. Häufig wurde eine Neustadt gegründet, um dem rasch gewachsenen Bedarf an Wohnquartieren befriedigen zu können. Diese konnte auf dem gegenüberliegenden Ufer eines großen Flusses liegen, aber auch jenseits der Bahnanlagen. Charakteristisch für diese Zeit ist ein rasches Stadtwachstum, das überwiegend den Gesetzen eines ungeregelten Marktes folgte. Erste Ansätze einer sozialen Gliederung der Stadt werden erkennbar, die teilweise bis heute fortwirken (zum Beispiel in den bürgerlichen Wohnvierteln westlich der Innenstädte in räumlicher Distanz zu den Industriegebieten). Heute sind neben den Verkehrsanlagen vor allem innenstadtnahe Gewerbestandorte und gründerzeitliche Wohnquartiere erhalten; letztere sind nach einer Sanierung in vielen Fällen zu attraktiven, innenstadtnahen Wohnstandorten geworden. Die Gewerbestandorte haben vielfach einen Bedeutungswandel erfahren und können Dienstleistungs- oder Kultureinrichtungen beherbergen.
Die Gegenwart ist durch ein fortgesetztes Stadtwachstum gekennzeichnet. Moderne Verkehrsanlagen, Wohnviertel und Gewerbestandorte wurden errichtet. Ältere Stadtviertel können einem Funktions- und

Bedeutungswandel unterlegen sein, beispielsweise im Falle der Entstehung von Citybereichen mit einer hohen Dichte an Dienstleistungsunternehmen und abnehmender Wohnbevölkerung. Die Schäden des Zweiten Weltkrieges haben in einigen Städten dazu geführt, dass ganze Stadtteile neu aufgebaut werden mussten und die Altstadt nur teilweise rekonstruiert werden konnte. Am Übergang zum Stadtumland, in verkehrsgünstiger Lage, konzentrieren sich Einkaufszentren und neue Gewerbeparks. Das Umland der größeren Städte ist durch Suburbanisierung geprägt, am augenfälligsten erkennbar an ausgedehnten Wohn- und Siedlungsanlagen. Segregation hat zu einer sozialen Gliederung der Stadt geführt.

107.3 Individuelle Aufgabenlösung
Hinweis: Lösung zum Beispiel mittels Diercke Weltatlas; Karten: Dortmund S. 70/1, Dresden S.70/2 oder Nürnberg S. 69/4

107.4 Im Citybereich sind die Arbeitsplatzdichte (max. > 50.000 Beschäftigte/km^2) und die Bodenpreise hoch. Die Wohndichte ist mit einem Minimum von 5.000 EW/km^2 gering. Dies hat mit der Konzentration der Dienstleistungen in diesem Bereich zu tun. Eine hohe Nachfrage führt zu hohen Bodenpreisen, die zentrale Lage eignet sich als Arbeitsplatz ideal und es steht daher wenig Wohnraum zur Verfügung bzw. ist nicht erschwinglich.
Im Wohn- und Gebäudegürtel sinken der Bodenpreis und die Arbeitsplatzdichte (bis unter 10.000 Beschäftigte/km^2). Die Wohndichte steigt auf ihren Maximalwert von ca. 15.000 EW/km^2 an. Dies hat mit den Änderungen funktionaler und sozialer Merkmale zu tun. Die Wohndichte ist durch eine mehrstöckige Bauweise so hoch, so dass Mieten erschwinglich sind.
Am Stadtrand sind die Bodenpreise und die Arbeitsplatzdichte am niedrigsten (ca. 3.000 Beschäftigte/km^2). Die Wohndichte sinkt wieder auf den Wert der City. Dieser Bereich gewinnt zunehmend an Bedeutung als Verflechtungsraum zur Kernstadt. Der Wohnraum wird für das Häuschen im Grünen bevorzugt.

107.5 Für viele deutsche Städte ergibt sich idealtypisch eine ringförmige Ausdehnung mit einem Altstadtkern, einem daran anschließenden Wohn- und Gewerbegürtel sowie einem äußeren Suburbanisierungsring. Innerhalb dieser Räume und zwischen ihnen besteht eine spezifische Dynamik. Im Zuge des flächenmäßigen und demographischen Wachstums kam es ab Mitte des 19. Jh.s zur Entwicklung eines zentralen Geschäftsbezirkes (City) in den größeren Städten.
Durch ihre zentrale Lage und ihre gute Erreichbarkeit durch eine verbesserte Verkehrsanbindung konzentrieren sich in der City Einrichtungen für die Versorgung der Bevölkerung mit Gütern, Dienstleistungen und Informationen. Die Gesamtheit dieser Einrichtungen wird als funktionale Ausstattung des Zentrums bezeichnet. Durch die gestiegenen Bodenpreise setzte eine Verdrängung der Wohnfunktion und des sekundären Sektors ein. Nur Dienstleistungen konnten sich an bevorzugten Stellen behaupten. Auch Einzelhandelsgeschäfte zur Deckung des Grundbedarfs wurden durch Fach- und Spezialgeschäfte und Anbieter höherer Waren sowie Warenhäuser verdrängt.
In den letzten Jahren entstanden durch eine Verbesserung der Verkehrsanbindung mit öffentlichen Verkehrsmitteln Fußgängerzonen, Flanier- und Einkaufsmeilen sowie kulturelle Einrichtungen, um die City zu einem integrierten Erlebnisraum für die Bevölkerung zu machen. Quantitativ dominieren in der City durch den Kundenverkehr, die Repräsentationsfunktion und den zentralen Standort Büroarbeitsplätze verschiedener Branchen. Dadurch besitzt sie die höchste Wertschöpfung aller städtischen Teilräume. Der Funktionswandel führte zu einer hohen Konzentration hochrangiger zentraler Funktionen des tertiären Sektors und zu einer Monofunktionalisierung. Häufig bildete sich eine räumliche Gliederung in funktionale Viertel aus (Bankenviertel, Hauptgeschäftsstraßen). Oft entstanden Funktionsgemeinschaften, wie z. B. Arztpraxen neben Apotheken. Weitere besondere Merkmale der City im Vergleich mit den anderen Teilräumen sind die hohe Verkehrsbelastung durch den öffentlichen Personenverkehr (Fußgänger, Fahrradfahrer, motorisierter Individualverkehr), die sehr hohe Bebauungsdichte, das Vorhandensein von Geschäftspassagen, Arkaden sowie die hohe Schaufensterdichte der Einzelhandelseinrichtungen. Typische Dienstleistungseinrichtungen in der City sind Einzelhandelseinrichtungen besonders des gehobenen Bedarfs, Banken, Sparkassen und Versicherungen, Einrichtungen des Hotel- und Gaststättengewerbes, Unterhaltungsstätten, Einrichtungen der Gesundheitsfürsorge, Vermittlungsdienste und Beratungsdienste. Im sich anschließenden Wohn- und Gebäudegürtel konzentrieren sich Wohn- und Gewerbegebiete in unterschiedlicher Zusammensetzung.
Die Stadtrandzone ist in jüngster Zeit zunehmend zu einem wesentlichen Element der Stadtregion geworden und zieht zunehmend verschiedene Funktionen (Wohnfunktion, Dienstleistungsfunktion, Erholungsfunktion) auf sich.

107.6 Aufgabenlösung durch: Diercke Weltatlas S. 67/3 (Ausgabe bis 2008)
Hinweis: diese Karte ist auch auf der CD-ROM (ISBN: 52060) zum Schülerband erschienen.
In Hamburg ist in der Alt- und Neustadt erkennbar, dass der Anteil der Bevölkerung am Tag überwiegt. Es existieren Viertel, die am Tag mehrere Tausend Menschen aufweisen und in der Nacht nur wenige 100! Dies gilt analog für die Industrie- und Gewerbegebiete. Nur Betriebe mit Nachtschicht stellen Ausnahmen dar. In den Wohnbereichen ist dies genau umgekehrt zu beobachten, wie zum Beispiel im Stadtteil Eimsbüttel. Ausnahmen stellen die Universitätsbereiche dar, wo am Tag die Bevölkerung überwiegt. Eine deutliche Trennung zwischen Wohn- und Arbeitsstätte sind demnach typisch für deutsche Städte. Der Grad der Tertiärisierung ist in Hamburg v.a. durch die Dienstleistungsbereiche und die Infrastruktur (Hafen) als hoch einzustufen.

Die neue Konkurrenz zwischen City und Peripherie
109.1 Individuelle Aufgabenlösung

109.2 Die teuersten Bodenpreise werden im Zentrum Frankfurts zwischen dem Bahnhofsviertel und Innenstadt (Alte Oper, Börse, Hauptwache, Zeil, Justiz) mit 12.500 – 17.500 EUR/m^2 für Büro- und Geschäftslage erreicht. In diesem Bereich stehen vor allem Hochhäuser der Frankfurter Skyline (vgl. SB S. 107 M3) die zumeist Banken gehören: Deutsche Bank, Deutsche Bundesbank, Europäische Zentralbank. Die teuren Geschäftslagen sind mit der Fußgängerzone deckungsgleich. Im Bereich des Bahnhofes sind die Bodenpreise noch im oberen Segment, was für die Attraktivität der Lage schließen lässt. Ob diese Situation den Veränderungen im Bahnhof geschuldet ist bzw. die Infrastruktur im Vordergrund steht, kann aus den Karten nicht entnommen werden. Die Geschosswohnungen erreichen auch im Innenstadtbereich ihren höchsten Wert mit 1.000 – 1.600 EUR/m^2. Die Preise werden mit der Distanz zur Innenstadt geringer, mit der Ausnahme der Eigenheime, die in bevorzugten Lagen zwischen 500 und 750 EUR/m2 kosten (vgl. im NW nähe Palmengarten). Durch die gestiegenen Bodenpreise ist sowohl die Wohnsuburbanisierung als auch die Gewerbesuburbanisierung nachvollziehbar.
(Lösung zum Beispiel mit Diercke Weltatlas Seite 41/1)

109.3 In den Regensburg Arcaden – nur das 1. Obergeschoss von zwei Verkaufsetagen befindet sich im Atlas – entsprechen die Geschäftslagen 1a-Lagen, da die Passantenfrequenz sehr hoch ist. In der Altstadt finden sich Entsprechungen in der Gesandtenstraße und am St.-Kassians-Platz; ansonsten finden sich zwischen Haidplatz und Domplatz lediglich Nebenlagen mit geringer Passantenfrequenz. Lediglich zwischen Rathausplatz und Haidplatz sind 1b-Geschäftslagen mit hoher Passantenfrequenz. Das Sortiment in den Regensburg Arcaden wird wie in der Innenstadt von Textilien und Schuhen dominiert; es fehlen lediglich Möbel und Antiquitäten, die im starken Maße in der Altstadt vertreten sind. Der Großteil der Geschäfte im Einkaufszentrum (90 Geschäfte auf insgesamt bis 25.000 m2 Verkaufsfläche) weist eine große Verkaufsfläche (800 – 3000 m^2) auf, wohingegen in der Altstadt die Verkaufsfläche in den meisten Fällen unter 100 m^2 bleibt. In der Altstadt findet sich jedoch die größte Verkaufsfläche in einem Warenhaus mit bis 10.000 m^2. Im Einkaufszentrum finden die Besucher auf konzentrierte Fläche mehr Auswahl und haben den Vorteil eines Parkhauses mit 1.500 Platzen, so dass sie trockenen Fußes flanieren können (Lösung zum Beispiel mit Diercke Weltatlas S. 69 / 6 und 7).

Die Entwicklung der Stadt-Umland-Beziehungen
113.1 Individuelle Aufgabenlösung

Hintergrundinformation – Suburbanisierungsprozesse (Allgemeine Entwicklung und Probleme)
Als Suburbanisierung bezeichnet man die Abwanderung städtischer Bevölkerung und Funktionen aus den Städten in das städtische Umland oder auch darüber hinaus. Die Bevölkerungs- und Arbeitsplatzzahlen der Stadtregion bleiben dabei nicht immer gleich. Bevölkerung, Arbeitsplätze, Funktionen und damit auch zentralörtliche Bedeutung verschieben sich aus dem Stadtkern in den suburbanen Bereich. Dieser Prozess hat demographische, ökonomische und siedlungsstrukturelle Auswirkungen. Zumeist parallel mit der Entwicklung von Massenverkehrsmitteln erfolgte die Ausdehnung der städtischen Lebens- und Siedlungsweise aus der Kernstadt in Randgebiete und ins Umland. Mit der Charta von Athen (Forderung nach weitgehender Trennung von Arbeiten, Wohnen, Freizeit und Verkehr), die 1933 als Leitbild der Stadtplanung von vielen Ländern angenommen wurde, beschleunigte sich dieser Prozess. Die Abwanderung aus den Städten und die Zuwanderung in Ballungsräume führten zur Verstädterung ländlicher Gemeinden oder zur Bildung von Satellitenstädten. Diese Gebiete sind funktional

durch viele Verflechtungen eng mit der Kernstadt verbunden. Der Verlust an Zentralität und der Rückgang der Bevölkerung führt in der Kernstadt häufig zu einem Verlust an Arbeitsplätzen, zur Veränderung der Einzelhandelsstruktur, zur Segregation marginalisierter Bevölkerungsgruppe und zur Segregation von bestimmten Haushaltstypen im suburbanen Raum sowie einem Abbau bzw. einer Überkapazität von Infrastruktur (in den Bereichen Verkehr, Ver- und Entsorgung, Kultur und Freizeit). Die Zunahme an Zentralität in den Umlandgemeinden führt dagegen zu einer Verknappung des verfügbaren Wohn- und Gewerbebaulandes, einer Zunahme der Flächeninanspruchnahme (Zersiedelung), der Zunahme der Pendlerbewegungen und höherer Belastung der Verkehrsinfrastruktur; weiterhin zu einem Anpassungsdruck sonstiger Infrastruktur (wie Kindergärten), soziostrukturellen Problemen, einem Verlust regionaler und kommunaler Identitäten, einem erhöhten Steueraufkommen in den Gemeinden und einer Überformung der alten, historisch gewachsenen Siedlungsstrukturen. Die zunehmende Zersiedelung der Landschaft und der wachsende Flächen- und Energieverbrauch sind mit dem Aspekt der Nachhaltigkeit in der Nutzung natürlicher Ressourcen kaum vereinbar.
Als Teil der Suburbanisierung kann die Wohnsuburbanisierung als relativer Bedeutungsgewinn der Wohnfunktion des Umlandes gegenüber der Kernstadt bezeichnet werden. Ursachen sind die Verlagerung des Wohnstandortes aus der Kernstadt ins Umland. Dieser Prozess hat sich seit Ende der 1990er-Jahre verlangsamt bzw. sind Tendenzen der Reurbanisation erkennbar. Die Suburbanisation von Industrie und Dienstleistungen ist eine weitere Form der Suburbanisierung. Ihre Ursache liegt in der Verlagerung von Unternehmen aus der Kernstadt in das Umland durch den steigenden Flächenbedarf, der in den großen, gut erreichbaren und preiswerten Gewerbe- und Industrieflächen des Suburbanisierungsringes zur Verfügung steht. Dieser Prozess setzte in den Altbundesländern Ende der 1960er-Jahre ein und hatte in den 1990er-Jahren einen Höhepunkt. Heute werden nach der Leipzig-Charta (zukunftsfähige Städte) kompakte Siedlungsstrukturen mit gesunder Mischung favorisiert.

113.2 Die Gemeindefinanzen speisen sich aus der Einkommenssteuer, der Gewerbesteuer und der Schlüsselzuweisung. Dem gegenüber stehen die Gesamtausgaben, die sich nach Bezug zur Bevölkerung und zu Unternehmen differenzieren lassen. Durch die eine Wohnsuburbanisierung steigen in der Gemeinde zum Beispiel die bevölkerungsbezogenen Ausgaben, wenngleich aus dem Beschäftigungsverhältnis keine Wertschöpfung für die Gemeinden über die Gewerbesteuer erfolgt. Da die Gemeinden gerade auf die Gewerbesteuer angewiesen sind, stehen viele Gemeinden vor einer Schieflage. Eine Gemeinde, die lediglich von der Gewerbesuburbanisierung profitiert, steht dank der Gewerbesteuer und weniger bevölkerungsbezogener Ausgaben finanziell besser da. Ein Interessenausgleich findet zum Beispiel statt, indem die bessergestellte Gemeinde – meist ein Oberzentrum – Aufgaben für das Umland übernimmt, wie Ausstattung von Schulen (Sachaufwandsträger), Angebot von Betreuungsplätzen für Kinder und freie Kindergartenwahl (abgeschafft durch Gastkinderregelung seit Einführung des Bayerische Kinderbildungs- und -betreuungsgesetzes (BayKiBiG) zum 01.08.2005). Die Bürger können ihre eigene Gemeinde stärken durch die verstärkte Nutzung des örtlichen Gewerbes (Einkaufszentren, Bäcker, etc.).

113.3 Beispiele für Empfehlungen: neue Formen der Partnerschaft und politischen Zusammenarbeit, Stärkung der lokalen und stadtregionalen Abstimmung, Städte als Kristallisationspunkte der stadtregionalen Entwicklung, Übernahme von Verantwortung für den territorialen Zusammenhalt
In der Abschlusserklärung der für Stadtentwicklung zuständigen Minister der EU vom 25.11.2008 steht unter dem Punkt integrierte, nachhaltige und solidarische urbane Stadtentwicklung: Die urbanen und ländlichen Territorien sind unabhängig. Im Anschluss an das europäische Programm für nachhaltige Entwicklung rufen die Territoriale Agenda und die Leipzig Charta zu einem neuen Ansatz in der Stadt/Land-Beziehung und zu Partnerschaften zwischen den urbanen und ländlichen Territorien auf, und zwar auf der Ebene funktioneller Zonen, so dass eine harmonische und ausgewogene Entwicklung der gesamten Territorien bei gleichzeitiger Akzeptanz ihrer Diversität erreicht wird. Dieser Ansatz ist erforderlich, um jedem einen gerechten Zugang zu den Dienstleistungen zu garantieren. Außerdem ist die Koordination zwischen den ländlichen und städtischen Gebieten notwendig, um die Ziele im Hinblick auf die Entwicklung von „Clustern", einen sparsamen Energieverbrauch, die erneuerbaren Energien, die Erhaltung der natürlichen Ressourcen – insbesondere der Wasser und Landschaftsressourcen – zu erreichen. Die grenzüberschreitenden Ballungsgebiete haben einen besonderen Stellenwert bei der integrierten, nachhaltigen und solidarischen urbanen Entwicklung in Europa. Sie stellen privilegierte und grundlegende Verbindungen innerhalb des Netzes der europäischen Städte dar.
(Quelle: http://www.bmvbs.de/Anlage/original_1010198/Deutsche-EU-Ratspraesidentschaft-Ergebnisse-fuer-die-europaeische-Raum-und-Stadtentwicklung.pdf)

Raumbeispiel: Suburbanisierung um München

115.1 Lagemerkmale:
im Alpenvorland, südlich der Donau, dezentral in Bayern, im Fernverkehrsnetz gut eingebunden
Recherchehinweis: www.pv-muenchen.de

115.2 Individuelle Aufgabenlösung

115.3

Allgemeiner Faktor (wirkt je nach Ausprägung als Push- oder Pull Faktor)	Push-Faktor	Pull-Faktor
– Ansprüche an Wohnraum und dessen Umfeld – Soziale Infrastruktur (Gesundheit, Kinderbetreuung) – Verkehrsinfrastruktur	– Negative Umwelteinflüsse wie Lärm, Abgase	– Bauplätze in stadtnahen Umgebung – Prestige, sozialer Status

115.4 Wesentliche Ausbreitungsfaktoren der Suburbanisierung sind Verkehrsinfrastruktur (hier vor allem unter dem Gesichtspunkt des Anschlusses an München) bzw. die Einpendelentfernung zu München; das Angebot an Wohnraum, die Attraktivität der Wohngegend, sowie zusätzliche Arbeitsplatzangebote in der Umgebung von München. Anhand dieser Faktoren kann durch die Karte SB S. 114 M2 die räumliche Ausbreitung der Suburbanisierung um München beschrieben und nachvollzogen werden. Ökonomische und infrastrukturell gut angeschlossene Wachstumsregionen wie die Flughafenregion (vgl. Raumbeispiel SB S. 128/129) treten dabei genau so deutlich hervor, wie die landschaftlich aufgewerteten Gebiete im Süden und Südwesten von München. Letztere waren schon zu Beginn des zwanzigsten Jh.s bevorzugte Räume von „Reichen" und Künstlern.

Hintergrundinformation – Herausforderung Suburbanisierung um München
München und die umliegenden Gemeinden sollen künftig beim Bau von Wohnungsprojekten oder der Erschließung mit öffentlichen Verkehrsmitteln besser zusammenarbeiten. Nur so „könnten Entwicklungspotenziale optimal genutzt werden", sagte Innenstaatssekretär Bernd Weiß bei der Vorstellung des Modellprojekts „Siedlungsentwicklung und Mobilität". Mit dabei waren Fachleute aus der Forschung, der Wirtschaft und dem kommunalen Bereich. Das Ziel sei es, dass die Gemeinden trotz ihrer Planungshoheit nicht gegeneinander in den Wettbewerb träten, sondern partnerschaftlich miteinander arbeiteten und ihre großen Bauprojekte abstimmten.
In den vergangenen Jahrzehnten hat sich nach Aussage des Staatssekretärs im Großraum München ein ziemlich uneinheitliches Siedlungsbild entwickelt. Die Folge: Die Menschen haben oft weite Wege zu den S-Bahnen oder Bussen und fuhren dann doch lieber mit dem Auto. Die Pendlerströme wuchsen ständig an. Wer täglich auf verstopften Straßen im Stau steht, kann davon ein Klagelied singen. Die Probleme werden nicht geringer, denn für die kommenden Jahre rechnen die Behörden mit einem erheblichen Zuwachs der Einwohnerzahl im Großraum München.
Untersucht wurde nun zum Beispiel, wo es überhaupt noch geeignete Wohnungsbauflächen im Umkreis von einem Kilometer um eine Bahnstation gibt. Hier ist das Bild sehr unterschiedlich. Viel mögliches Bauland gibt es demnach im Osten des Landkreises Freising, im Landkreis Dachau sowie im nordöstlichen und südöstlichen Landkreis München. Auffallend sind die geringen Flächenreserven in Freising selbst sowie das eher geringe Angebot in den Gemeinden der Landkreise Starnberg und Fürstenfeldbruck.
Die Devise der Studie lautet: Grundsätzlich sollten zunächst vorhandene Baulücken in den Gemeinden aufgefüllt werden, bevor man weiter draußen liegende Neubaugebiete ausweist. Die vorhandene Infrastruktur kann damit besser und wirtschaftlicher ausgelastet werden. Dies wiederum bringt Kostenvorteile für die Bürger und die jeweiligen Gemeindeverwaltungen.
Angesichts des demographischen Wandels, den Anforderungen des Klimaschutzes und des zunehmenden Flächenverbrauchs müssten hohe Ansprüche an die Siedlungsentwicklung in der Region München gestellt werden, sagen die Initiatoren der Studie. Das Projekt wurde von der Arbeitsgemeinschaft „Nachhaltige Stadtentwicklung" angeregt. Dazu gehören die Städte und Gemeinden Garching, Germering, Haar, Karlsfeld, Landeshauptstadt München, Neubiberg, Oberhaching, Oberschleißheim, Pullach und Unterschleißheim. Die Oberste Baubehörde im bayerischen Innenministerium hat die Studie gefördert.

Ein weiteres interessantes Ergebnis: Im Großraum München macht es inzwischen kaum mehr einen finanziellen Unterschied, ob man in der Kernstadt oder weiter draußen im Umland wohnt. Zwar sind an den Rändern des Großraums die Grundstückspreise oder die Mieten niedriger. Die Konsequenz eines entfernteren Wohnorts aber ist, dass man oft auf das Auto angewiesen ist und sich sogar einen Zweit- oder Drittwagen zulegen muss, um ausreichend mobil zu sein. (Informationen über die Studie unter www.pv-muenchen.de/aktuelles)
(Quelle: Süddeutsche Zeitung Nr.65, Donnerstag, den 19. März 2009 , Seite 54, Autor: Alfred Dürr)

Segregation in Städten
117.1 Die sozioökonomische Struktur einer Stadt kann durch verschiedene Merkmale gekennzeichnet werden. Dazu gehören die Erwerbstätigkeit in den verschiedenen Wirtschaftssektoren, Qualifikation der Angestellten und Arbeiter, Anteil der erwerbstätigen Frauen, Ausländeranteil an den Erwerbstätigen, Einkommensverteilung, Pendler sowie Anteil der Tag- und Nachtbevölkerung. Entsprechend der Ausprägung dieser Merkmale und bedingt durch die Tatsache, dass die Stadt der Ort der höchsten Arbeitsteilung und damit der größten sozialen Gegensätze ist, ergibt sich eine sozioökonomische Differenzierung. Diese kann sich in der urbanen sozialräumlichen Differenzierung widerspiegeln. Häufig kommt es zur räumlichen Trennung von Bevölkerungsgruppen im städtischen Raum, zur innerstädtischen Segregation. Verstärkt wird die sozioökonomische Segregation durch unterschiedliche Lebenskonzepte, Lebensstile sowie Norm- und Wertsysteme, die aufgrund von Anonymität, Toleranz, aber auch von Gleichgültigkeit der städtischen Bevölkerung nebeneinander existieren können. Zur sozioökonomischen Differenzierung in den Städten trägt auch die vermehrte ethnische Heterogenität der Bevölkerung bei, die durch die Abwanderung der einheimischen Bevölkerung ins Umland und andererseits durch die Zuwanderung von Ausländern in die Kernstadt verursacht wird. Dadurch kommt es zunehmend zu einer sozialen Entmischung.
Anwenden des Begriffes auf Heimatstadt: Individuelle Aufgabenlösung

117.2 Der Selektionsprozess der Segregation führt zu charakteristischen Stadtvierteln. Diese Entmischung der Bevölkerung basiert auf verschiedenen Faktoren (Identifikation mit einer Gruppe, Wohn- und Lebenspräferenzen, finanzielle Möglichkeiten der Lebensgestaltung). Hinzu kommen Aspekte der Stadtplanung oder Änderungen in den ökonomischen oder ökologischen Rahmenbedingungen eines Gebietes.
Beispiel: Überwiegt in einem Viertel durch Zuzug eine Gruppe, wird die andere Gruppe möglicherweise durch einen Wegzug reagieren. Beispiele hierfür können Studenten sein, die durch erhöhten Lärm und veränderten Schlafeigenschaften ältere Menschen aus einem Gebiet „vertreiben". Dieser Selektionsprozess läuft meist indirekt ab, da sich die bestehende Bevölkerungsgruppe aus Gründen der Veränderungen in ihrem Viertel absondert und schließlich wegzieht (Wohnpräferenzen).

Kausalkette:
Mangel an integrativem Ansatz → bauliche Veränderungen → Veränderung der Wohnbedingungen → Segregation

117.3 Individuelle Aufgabenlösung
Beispiel: Fürth, Innenstadt: Baumscheibenpatenschaften zur Verbesserung und Pflege des öffentlichen Raumes durch Anwohner
Recherchehinweis: www.sozialestadt.de (sitemap/gebiete/bayern oder praxisbeispiele)

Nachhaltige Stadtentwicklung
119.1 Die *traditionelle Stadt* ist stark abhängig von umfassenden Ver- und Entsorgungsstrukturen. Sie wandelt wertvolle Rohstoffe in Abfälle und gefährliche Schadstoffe/Klimagase um und führt zu irreversiblen Nettoverlusten im urbanen Ökosystem (Energie, Wasser, Stoffe). Sie zerstört bzw. ignoriert häufig die natürlichen klimatischen Ausgleichsfunktionen. Sie gefährdet den Wasserhaushalt, die Biodiversität und die Bodenfruchtbarkeit.
Die *nachhaltige Stadt* beruht auf kleinräumig erfahrbaren Mensch-Umwelt-Beziehungen. Sie führt zu Lebensstilen und Verhaltensnormen, die auf Sicherung der ökologischen Lebensbedingungen ausgerichtet sind. Sie strebt einen sorgsamen Flächenverbrauch an.
In der nachhaltigen Stadt wird die Abhängigkeit von außen geringer, da die Vernetzung zwischen Rohstoffen, Produktion, Recycling/Müllentsorgung und Konsum in der Stadt selbst intensiver wird.

119.2 Begriffserläuterungen:
Effizienz: Wirksamkeit, Wirtschaftlichkeit, Nutzen geteilt durch Aufwand
Suffizienz: Zulänglichkeit, ausreichende Funktionstüchtigkeit, Leistungsfähigkeit
Konsistenz: Grad und Art des Zusammenhaltes bzw. gedanklicher Zusammenhang

Die drei Begriffe beziehen sich auf die Dimensionen und Strategien der Nachhaltigkeit.
Die Agenda 21 ist das zentrale Ergebnis der UN-Konferenz für Umwelt und Entwicklung von Rio de Janeiro 1992. Dieses Aktionsprogramm wurde von 178 Staaten mit dem Ziel einer nachhaltigen Entwicklung für das 21. Jh. verabschiedet. In den vier Bereichen mit 40 Kapitalen der Agenda 21 werden Handlungsaufträge beschrieben, um einer Verschlechterung der globalen Situation entgegenzuwirken und um eine nachhaltige Nutzung der natürlichen Ressourcen zu erreichen.
Die wesentliche Aussage der Agenda 21 war, die Umweltaspekte in alle politischen Bereiche zu integrieren. Sie wird als Ausdruck eines weltweiten Konsens und einer politischen Verpflichtung auf höchster Ebene zur Zusammenarbeit im Bereich von Entwicklung und Umwelt gesehen. Ziel ist es, umgehende und wirksame Maßnahmen zum Schutz und zur Pflege der Umwelt zu ergreifen, die Staaten sollen ihre zukünftigen Entscheidungen am Prinzip der nachhaltigen Entwicklung/zukunftsfähigen Entwicklung, welche sozialverträglich, ökonomisch dauerhaft und ökologisch tragfähig sein soll, ausrichten. Das umfassende Maßnahmenprogramm Agenda 21 stellt in seiner Präambel u.a. fest, dass die Umsetzung der Maßnahmen in erster Linie der Verantwortung der nationalen Regierungen obliegt. Nationale Strategien, Pläne, Maßnahmen und Prozesse sollten eingeleitet werden, um das Hauptziel einer globalen, bestandsfähigen Entwicklung der Welt zu gewährleisten. Internationale Zusammenarbeit soll die nationalen Anstrengungen unterstützen. In der Agenda 21 schließt der Begriff Nachhaltigkeit neben der ökologischen Komponente auch die ökonomische und soziale Dimension ein. Ökologische, ökonomische und soziale Belange sind als grundsätzlich gleichwertig zu berücksichtigen, auch wenn sie nicht überall und jederzeit gleichwertig zu realisieren sind. Im Mittelpunkt der drei Dimensionen der Nachhaltigkeit stehen der Schutz der natürlichen Umwelt, die soziale Verantwortung und die wirtschaftliche Leistungsfähigkeit, die nicht getrennt voneinander, sondern untrennbar miteinander berücksichtigt werden müssen, um die Lebensgrundlage für die Menschheit zu sichern:
Ökonomische Dimension: Zunahme und langfristige Sicherung des Wohlstands für alle Menschen. Dabei geht es vor allem um die Entwicklung und Verstärkung intelligenter, weitsichtiger Formen des Wirtschaftens, in denen sich Ressourcenschonung mit Lebensqualitätssicherung/-vermehrung verbindet, um die Funktionsfähigkeit des Wirtschaftssystems, um die Vollbeschäftigung und soziale Sicherung, um die ökonomische Leistungsfähigkeit und Innovationskompetenz und um die internationale wirtschaftliche Stabilität.
Soziale Dimension: Entwicklung zukunftssichernder Lebensstile und gerechter Verteilungssysteme sowie Festigung demokratischer Strukturen. Hier wird vor allem die Frage nach der gerechten Verteilung von Wohlstand zwischen den heute lebenden und den zukünftigen Generationen aufgeworfen, ebenso Fragen nach der gerechten Verteilung der Güter auf der Erde. Daneben geht es um das Recht auf ein menschenwürdiges Leben für alle, soziale Gerechtigkeit zwischen jetzigen und zukünftigen Generationen (intergenerativ), soziale Gerechtigkeit innerhalb der gegenwärtig lebenden Menschen (intragenerativ), die Abstimmung zwischen sozialen, ökonomischen und ökologischen Interessen und die Beteiligung von allen gesellschaftlichen Gruppen an der Strategiefindung- und realisierung.
Ökologische Dimension: Schutz der natürlichen Lebensgrundlagen (Klima, Boden, Wasser, Luft, Vielfalt der Arten und Ökosysteme): schonende Nutzung natürlicher Ressourcen und damit der Sicherung der natürlichen Lebensgrundlagen auch für die nachfolgenden Generationen, Verbesserung der Umweltqualität, Verringerung des Rohstoffverbrauchs, Verringerung des Energieverbrauchs, Schutz der biologischen Vielfalt und Risikovermeidung für Mensch und Umwelt. Eine nachhaltige Entwicklung soll dafür sorgen, dass kommende Generationen vergleichbare Chancen und Ressourcen vorfinden wie wir. Im Zusammenhang mit der Nachhaltigkeit wurden zahlreiche neue Begriffe wie z.B. Ressourceneffizienz, Ökoeffizienz, Faktor 10 oder Faktor 4 geprägt. Sie alle nehmen im Kern darauf Bezug, dass unser gegenwärtiges Wirtschaften und Handeln durch riesige Material- und Energieströme gekennzeichnet ist.

119.3 Beispiele für die in M3, SB S. 119 genannten Handlungsfelder:
- Optimales Abgleichen von Siedlungen und Verkehrsachsen
- Attraktives ÖPNV-Angebot
- Ausbau des Radnetzes
- Ausweisung von Siedlungsschwerpunkten

- Intelligenter Umgang mit Brachflächen
- Förderung regenerativer Energie
- Feststellung eines Flächennutzungsplanes unter dem Gesichtspunkt der Nachhaltigkeit
- Förderung des Biotop- und Artenschutzes als Bestandteil einer attraktiven Umweltgestaltung

119.4 Nach der „Charta von Aalborg" (1994) ist der Flächenfraß zu lösen durch die Rückkehr zur Idee der kompakt gebauten Stadt, d.h. Verdichtung, Flächenrecycling, Renovierung und Instandsetzung (Stadterneuerung/Stadtumbau). Die Stadt Freiburg schriebt diesen Ansatz des sparsamen Flächenverbrauchs in der „Lokalen Agenda 21" fest (vgl. M4, SB S.119). Das Problem der Segregation kann durch eine ausgewogene Mischung unterschiedlicher Gruppen von Bewohnern gelöst werden, wie das die Freiburger Agenda 21 als Lösung für die soziale Migration vorschlägt. Dies ist erweiterbar auf die ethnische und demographische Segregation.

119.5 Individuelle Aufgabenlösung
Recherchehinweis: http://www.treffpunktfreiburg.de/agenda21/leitziele_der_freiburger_agenda_.htm
Die Leitziele sind nach den eingerichteten Arbeitskreisen differenziert: Soziales, Bildung und Kultur; Frauen; Nächste Generation; Denkwerkstatt Bürgerschafts-Engagement; Eine Welt; Stadtentwicklung; Mobilität; Wasser. Nach einer kurzen Einordnung in den Gesamtzusammenhang – teilweise unter Bezugnahme auf die UN-Konferenz in Rio 1992 – werden die Leitziele aufgelistet und erläutert. Als Beispiel sollen hier nur die Oberbegriffe des Arbeitskreises Eine Welt angeführt werden: Integration ausländischer MitbürgerInnen, Städtepartnerschaften, Bildungseinrichtung, Fairer Handel, Entwicklungsverträglichkeitsprüfung. Beispiele für die Umsetzung finden sich in den Erläuterungen und können mit M3 bzw. M4 verknüpft werden.

121.1 Im Jahr 2010 hat Freiburg eine Siedlungs- und Verkehrsfläche von 4871 ha (Quelle: http://www.freiburg.de/servlet/PB/menu/1156556/index.html#Flaeche). Die drei Szenarien geben die Siedlungsentwicklung Freiburgs zu Ungunsten der Erholungsflächen bzw. des Reblandes oder des Waldes an.

Szenario 1 sieht vor, dass sich die Gesamtfläche am geringsten erweitert und nur 130,6 ha aufweist. Dabei soll das Wohngebiet 100,9 ha, das Gewerbegebiet 25,5 ha und das Mischgebiet 4,2 ha umfassen.
In Szenario 2 ist die die größte Flächenausdehnung auf 164,4 ha veranschlagt, da sich das Wohngebiet im Vergleich zu Szenario 1 auf 134,7 ha erweitert. Damit geht man von einer Steigerung der Bevölkerungszahl aus.
In Szenario 3 steigt die Gesamtfläche auf 149,8 ha, wobei die Wohnfläche wie in Szenario 1 bei 100,9 ha liegt, jedoch sowohl das Gewerbegebiet mit 41,6 ha und das Mischgebiet mit 7,3 ha veranschlagt ist. Damit ist die zweitgrößte Steigerung der Flächenausdehnung v.a. einer Zunahme von Industriebetrieben und Dienstleistungsbetrieben geschuldet.

121.2 Seit Jahrzehnten ist Freiburg die einzige Großstadt in Baden-Württemberg, deren Einwohnerzahl trotz Suburbanisation stetig wächst. Verdichtungen im vorhandenen Stadtkörper konnten die steigende Wohnungsnachfrage nicht lösen und Wasser- bzw. Forstwirtschaft sowie Naturschutz verhinderten die Ausdehnung der städtischen Siedlungsfläche. Im Jahr 1991 erfolgte eine Änderung des Flächennutzungsplanes von 1978, und die 78 ha große Fläche des stadteigenen Rieselfeldes im Osten der Stadt wurde als Baufläche für einen neuen Stadtteil ausgewiesen. Vor dem Hintergrund einer nachhaltigen Stadtentwicklung und unter Einbeziehung des angelaufenen Agenda-Prozesses werden in dem 2010 fertig gestellten, auf ca. 12 000 Einwohner und ca. 1000 Arbeitsplätze ausgelegten neuen Stadtteil anspruchsvolle planerische Grundsätze umgesetzt.
- Umweltorientierung: Bau der Gebäude in Niedrigenergiebauweise mit Fernwärmeversorgung, Grünkeil im Norden, Minimierung der Flächenversiegelung, Regenwassernutzung, Vorrang für Straßenbahn, Radfahrer und Fußgänger, Tempo 30
- hohe bauliche Verdichtung: drei- bis fünfgeschossige, barrierefreie Blockrandbebauung, begrünte Innenbereiche, gleichartig dimensionierte Wohnblöcke als Mehrfamilienhäuser, zwei- bis dreigeschossige Reihenhäuser zum Rand hin
- Vermeidung des Charakters einer Schlafstadt: architektonisch vielfältige Gebäude und Ausweisung von Flächen für Daseinsgrundfunktionen
- Aufbau einer Basisinfrastruktur für eine familien- und kinderfreundliche Umgebung
- ausgewogene Sozialstruktur durch Mischung von frei finanziertem und gefördertem Wohnungsbau

Der kostengünstige Erwerb der aufgelösten französischen Garnison/Militärsiedlung eröffnete die Möglichkeit der Konversion dieser Flächen in den bestehenden Stadtkörper. Es erfolgte die Verlagerung des Messegeländes, die Erweiterung der Universität, die Sanierung und Umgestaltung altstadtnaher, ehemaliger französische Kasinos und Verwaltungseinrichtungen zu Gebäuden für öffentliche und private Dienstleistungen (Universität, Banken, Versicherungen) sowie die Schaffung von zusätzlichem Wohnraum durch Sanierung der über die Stadt verstreuten Militärwohnsiedlungen.
Wesentlich war auch die Umgestaltung des ehemaligen Kasernengeländes zu einem völlig neuen Stadtteil, dem Quartier Vauban. Dieser Stadtteil wurde als autofreier Stadtteil geplant: Die Sanierung und Neubauten erfolgten in Niedrigenergiebauweise mit Fernwärmeversorgung. Das Niederschlagswasser wird in Zisternen gesammelt und verbleibt im Stadtteil, es wird zum Gießen und für die Toilettenspülung genutzt. Die öffentliche Infrastruktur (Kindergärten, Tagesstätten, Schule und Stadtteilzentrum) wurden parallel zum Wohnungsbau entwickelt. Eine grüne Zentralachse sorgt für die Durchlüftung des Quartiers durch kühlende Hangabwinde. Für die privatwirtschaftlich organisierte Versorgungs- und Dienstleistungsstruktur sind genügend Räumlichkeiten vorhanden. Durch die Ausweisung von Teilarealen als Mischgebiet (Wohnen, Gewerbe) konnten sich auch Handwerksbetriebe niederlassen.

121.3 Gruppenarbeit
(a) Hintergrund: „Ein echter Bürgerbeteiligungsprozess benötigt extra Ressourcen und sollte den Planungs- sowie den Umsetzungsprozess umfassen: Es ist nicht ausreichend, wenn sich die Bürgerbeteiligung nur in Vorschlägen und Eingaben an die offiziellen Stadtplaner erschöpft. Obwohl im Falle des Vauban-Quartiers die Mitarbeiter der Stadtverwaltung gegenüber den Vorstellungen der BürgerInnen grundsätzlich offen waren, wäre zum Beispiel das Mobilitätskonzept aufgrund juristischer Probleme beinahe nicht verwirklicht worden. Dies konnte jedoch geschehen, weil das Forum Vauban durch zusätzliche finanzielle und personelle Ressourcen Überzeugungsarbeit leisten und Fachgutachten in Auftrag geben konnte. Zurückblickend kann festgestellt werden, dass das „Outsourcing“ der Bürgerbeteiligung dem Projekt sehr genützt hat. Die parallelen Arbeitsstrukturen von Stadtverwaltung und Forum Vauban haben Mitarbeiterinnen davor bewahrt, in alten Denkmustern zu verharren und machten neue Lösungskonzepte möglich. Bürgerbeteiligung benötigt in diesem Sinne eine langfristige organisatorische, personelle und finanzielle Perspektive.“
(Quelle: www.forum-vauban.de/Dokumentation/wichtige projekterfahrungen)
(b) Hintergrund: Bei dem Programm „freiburg für alle“ handelt es sich um eine Initiative um Menschen mit Behinderung das Leben zu vereinfachen und auf Barrierefreiheit hinzuwirken, damit die Bereiche Architektur, Umwelt, Transport, Kultur, Freizeit, Ausbildung, Schulwesen, Arbeit, Gesundheit und Infrastruktur für alle Menschen zugänglich sind. Damit werden Forderungen nach einer sozialverträglichen Entwicklung des Agenda 21-Prozesses erfüllt.
(c) Individuelle Aufgabenlösung

121.4 Individuelle Aufgabenlösung
Hinweis: Die bundesweit renommierte Radfahrerstadt Freiburg wird im Vergleich zu jeder bayerischen Stadt besser abschneiden, da die Punkte aus M7 in der Gesamtheit nicht erreicht werden.

Kapitel 2.3 Wirtschaftsräumliche Disparitäten

Einflüsse auf die Wirtschaftsstruktur Deutschlands
125.1 Individuelle Aufgabenlösung

125.2 Bei einer anamorphen Karte werden die Flächen der abgebildeten Gebietseinheiten den statistischen Werten entsprechend (hier Erwerbstätigenanteile) verzerrt. Erscheint dabei ein Fläche kleiner oder geschrumpft, so liegt ihr statistischer Wert unter dem Durchschnittswert aller Gebietseinheiten, – erscheint eine Fläche größer oder aufgebläht, so liegt ihr statistischer Wert über dem Durchschnittswert aller Gebietseinheiten. Der Grad der Verzerrung ist dabei nicht immer proportional zur Veränderung der statistischen Werte. Hohe Werte finden sich in Regionen mit guten landwirtschaftlichen Bedingungen oder aber in Gebieten, keine wirtschaftlichen Alternativen aufweisen.

125.3 (a) Hohe Industriedichten finden sich im Ruhrgebiet, dem Rhein-Main-Neckar-Raum und in den Agglomerationsräumen von Stuttgart, München, Nürnberg, Hamburg, Bremen und Berlin. Die „ursprüngliche“, alte Industrie orientierte sich hauptsächlich an Bodenschätzen und Flüssen als Verkehrswegen.

(b) In Altindustrieräumen ist die Zahl der Industriearbeitsplätze in den vergangenen Jahren gesunken und die Wirtschaft hat sich im industriellen Bereich diversifiziert und insgesamt tertiärisiert. Räumlich weit verbreitet sind die Wachstumsindustrien der Nachkriegszeit wie Elektrotechnik, Maschinenbau, Automobilindustrie und Chemische Industrie. Fast alle Verdichtungsräume haben Standorte der Elektrotechnik und des Maschinenbaus aufzuweisen. Bei der Anlage von Produktionsstätten und Zulieferbetrieben sind regional-bezogene Fördermaßnahmen, die Infrastruktur und qualifiziertes Fachpersonal entscheidende Faktoren. Bei der Chemischen Industrie gelten etwas andere Bedingungen: Innerbetriebliche Verbundvorteile bedingen, dass Chemiewerke oft am Standort der ursprünglichen Gründung weiter wachsen solange noch Platz verfügbar ist. Für sie sind die Verkehrslage und Verfügbarkeit von Nutzwasser bedeutsame Faktoren.

125.4 Die Abbildung M4 zeigt eine Karte der Wirtschaftskraft Deutschlands, erstellt mit einer Web-GIS-Software (vgl. SB S. 14/15). Mit Hilfe einer Neuklassifizierung lassen sich die vorgegebenen sieben auf drei Klassen verändern, die Grenzwerte für die neue Klassifikation sind individuell wählbar.

Neuorientierung altindustrieller Gebiete – Neunkirchen (Saar), die „Patchwork"-Stadt
127.1 Die gesamte Region hat in den letzten Jahrzehnten einen Strukturwandel erlebt, dessen große Verlierer der Steinkohlenbergbau und die Stahlindustrie sind, wie im Vergleich beider Karten am massiven Rückgang sowohl der Bergwerke als auch der Eisenhütten, Stahlwerke, Gießereien und Walzwerke deutlich zu sehen ist. Diese Entwicklung spiegelt sich auch auf dem Arbeitsmarkt wider: Wurden beispielsweise 1960 im Saarland noch 42 100 Beschäftigte in der Eisen- und Stahlindustrie gezählt, waren es 1992 nur noch 15 400 und im Jahre 2000 lediglich noch 11 100. Von den einstmals mehr als 20 Steinkohlengruben im Raum Saarbrücken ist inzwischen, nachdem der Steinkohlenabbau in Merlebach 2003 aufgegeben worden war, nur noch das Bergwerk „Saar" in Ensdorf geblieben.
Hinsichtlich der Aufteilung nach Wirtschaftsbereichen ist die Zahl der Industriebeschäftigten in der Saar-Lor-Lux-Region zwar noch immer vergleichsweise hoch – insbesondere im Saarland, in Rheinland-Pfalz und in Lothringen –, dennoch nimmt die Bedeutung dieses Bereiches tendenziell ab, auch wenn in den letzten Jahren neue Stellen vor allem im Bereich der Automobil- und der Zuliefererindustrie entstanden sind. Hier bestehen Parallelen zum Standort Bochum im Ruhrgebiet. Den Trend belegen die statistischen Daten: Waren Ende der 1990er-Jahre noch rund 25 Prozent der Arbeitnehmern in der Großregion in der Industrie beschäftigt, fiel ihr Anteil binnen weniger Jahre auf 20 Prozent. Der Stellenrückgang in den traditionellen Industriebereichen wurde begleitet von einem beständigen Wachstum des tertiären Sektors.
Gegenwärtig sind bereits mehr als 70 Prozent aller Beschäftigten in der Saar-Lor-Lux-Region im Dienstleistungsbereich tätig, wobei Luxemburg mit rund 80 Prozent den Spitzenplatz belegte. Die Stadt konnte sich als internationales Finanzzentrum und als Verwaltungsstandort für Einrichtungen der EU profilieren. Hauptgrund für das Wachstum des tertiären Sektors, das sich neben Luxemburg auch in den anderen Teilregionen beobachten lässt, ist die Entstehung neuer Dienstleistungsbereiche, etwa auf dem Gebiet der Informations- und Kommunikationstechnologien und im Bereich der Dienstleistungen für Unternehmen.
(Quelle: Diercke Handbuch, S. 62, Karte: Diercke Weltatlas S. 42)

127.2 Der tiefgreifende Strukturwandel von einer durch Schwerindustrie zu einer durch Dienstleistungen geprägten Stadt, der sich in Neunkirchen vollzogen hat, hat Spuren hinterlassen: Elemente aus unterschiedlichen Phasen bilden einen Flickenteppich, ein „Patchwork" (wörtlich übersetzt: Flickwerk). So finden sich Gebäude beispielsweise der Neunkirchner Hütte und das moderne Saarpark-Center, die erste „Shopping Mall" des Saarlandes in unmittelbarer Nachbarschaft.
In Neunkirchen versucht man nicht das „Alte" zu beseitigen, sondern es in die gegenwärtigen Raumansprüche und -gestaltungsformen einzubinden.

127.3 Individuelle Aufgabenlösung
Hinweis: Je nach Umfang bzw. Anspruch der angestrebten Mindmap eignet sich diese Aufgabe auch zur Gruppenarbeit.

127.4 Individuelle Aufgabenlösung/Gruppenarbeit

Wirtschaftsdynamik im Norden Münchens

129.1 „Monster im Moos" – Informationen zu den Betrachtungsweisen
Monster: Für die Ausbaugegner ist der Bau der dritten Startbahn eine Katastrophe für die Menschen in der Umgebung des Flughafens, aber auch für die Tier- und Pflanzenwelt in der Region. Der Flächenverbrauch, steigende Lärm- und Abgasbelastung stünden im krassen Missverhältnis zum Nutzen für die Wirtschaft und den Flugverkehr.
Jobmaschine: Durch die bayerische Luftverkehrsdrehscheibe hat das Gebiet, das in bis zu 30 Minuten Fahrzeit vom Flughafen aus erreicht werden kann, einen rapiden Entwicklungsschub erhalten. Die Arbeitslosenquoten in Erding und Freising liegen drei Prozent unter den bayerischen Durchschnittswerten. Auch bei der Ansiedlung neuer Investoren haben die Flughafenstandorte der Studie zufolge einen erheblichen Wettbewerbsvorteil gegenüber anderen Regionen. 97 Prozent von befragten Wirtschaftsvertretern gaben an, dass ihr Unternehmen den Flughafen München für Geschäftsreisen nutzt. 61 Prozent der Unternehmen partizipieren am Luftfrachtverkehr des München Airports. Immerhin 31 Prozent der Befragten erklärten sogar, dass die Nähe zum Flughafen München der Grund für ihre Standortentscheidung war.

129.2 In der ursprünglich ländlich strukturierten Region entstehen als Folge des Flughafens in den ehemaligen Dörfern neue Wohnungen und Arbeitsstätten; neue Bevölkerungsschichten ziehen zu, die Infrastruktur wird ausgebaut. Der Flughafen soll von einer „Abfertigungshalle" zu einem wirtschaftlichen Zentrum ausgebaut werden mit Büroflächen, mit Einkaufsstätten, Hotels und Unterhaltungs-Angeboten.

129.3 Individuelle Aufgabenlösungen
Recherchehinweis: www.muc-ausbau.de

Bedeutungswandel in ländlichen Räumen

131.1 Hüttenberg-Reiskirchen liegt die Form eines Haufendorfes zugrunde. Eine Abgrenzung zu den anderen Formen ist anhand des Grundrisses möglich (Straßenverlauf, Lage der Gehöfte, Dorfzentrum mit Kirche). Veränderungen seitdem sind die Dorferweiterungen v.a. durch Wohnsiedlung seit 1960, die bis heute anhält (vgl. Neubaugebiete der verschiedenen Phasen rund um den alten Dorfkern). Diese Entwicklung geht räumlich zulasten der landwirtschaftlich genutzten Flächen. In diesem Zusammenhang ist auch der Ausbau der Verkehrswege zu sehen. Hinzu kommt die Anlage eines Gewerbegebietes, ein Hinweis auf mögliche Änderungen der Wirtschaftsstruktur und den Bedeutungsrückgang der Landwirtschaft.

131.2 Individuelle Aufgabenlösung
Hinweis: Die Aufgabe könnte mithilfe einer Kartierung gelöst werden. Auch an Satellitenbildern lassen sich (im Zusammenhang mit einer Begehung vor Ort) die Raumstrukturen analysieren und in einer Kartenskizze darstellen. Auch alte Karten zeigen die Dorfstrukturen zumeist gut.

131.3

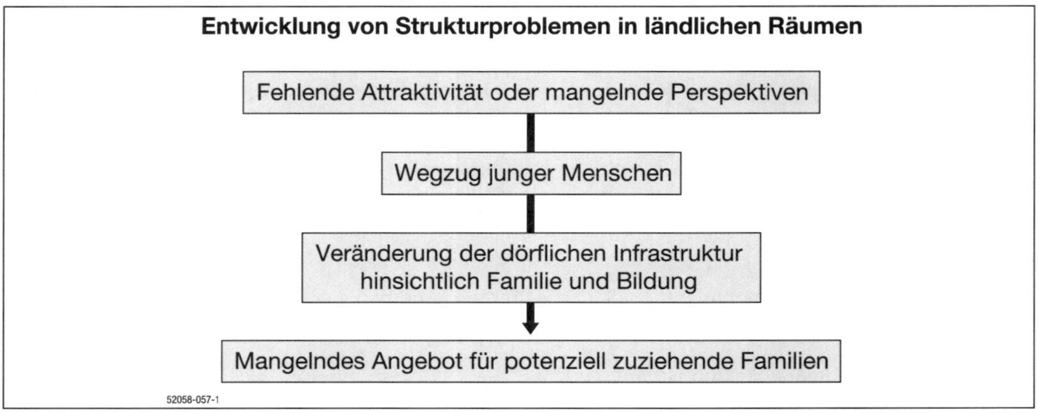

131.4 Individuelle Aufgabenlösung

Wirtschaftliche Entwicklung in Ostdeutschland
133.1 Begriffserläuterungen:
Planwirtschaft: Durch staatliche Organe werden der Wirtschaft für einen bestimmten Zeitraum genaue Vorgaben gemacht, welche Aufgaben sie zu erfüllen und welche Ziele sie zu erreichen hat. Dies erfolgte auch international im Rahmen des RGW.
Kollektiveigentum: Gemeinschaftsbesitz einer Produktions- bzw. Betriebsgruppe, insbesondere bei landwirtschaftlichen oder gewerblichen bzw. industriellen Produktionsmitteln: Landwirtschaftliche Produktionsgenossenschaft (LPG), Volkseigenes Gut (VEG), Volkseigener Betrieb (VEB)
Transformation: Bezeichnung für den Übergang von der sozialistischen Planwirtschaft zu demokratisch-marktwirtschaftlichen Strukturen.
Probleme: Privatisierung des Kollektivbesitzes, Freisetzung von Arbeitskräften aus ehemaligen Staatsbetrieben, Inflation, Eingliederung bestimmter Wirtschaftszweige in den Weltmarkt

133.2 Trotz hoher Transferzahlungen von West nach Ost ist beim Aufholprozess Ostdeutschlands in vielen Bereichen noch kein „Gleichstand" mit dem Westen erreicht: höhere Arbeitslosenquoten, geringere Wirtschaftsleistung und niedrigere Löhne führen zu einem verfügbaren Einkommen von ca. 80 % des „Westniveaus".

133.3 Individuelle Aufgabenlösung

Kapitel 2.4 Tourismus in Deutschland

Überblick – Reiseland Deutschland
135.1 Obwohl gemessen am gesamtwirtschaftlichen Rahmen die Bedeutung des Tourismus für Deutschland relativ gering ist, erwirtschaftet die Branche stabile und vor allem wachsende ökonomische Beiträge für das Land. Bei den meisten Quellmärkten zeigen sich Zuwachsraten; das Wachstum der Branche liegt in Deutschland gar über dem Durchschnitt in Europa. Dazu trägt sowohl die steigende Nachfrage aus dem Inland wie auch dem Ausland bei. Für ganz Deutschland, insbesondere aber für die touristischen Kernregionen, ist die Tourismusbranche daher von wachsender wirtschaftlicher Bedeutung.

135.2 Destinationen und Segmente
Die wichtigsten Urlaubsdestinationen in Deutschland sind die Räume mit einem bedeutsamen Naturpotenzial: Alpen, Mittelgebirge, Nord- und Ostsee. Infolgedessen können auch die Bundesländer die meisten Gästezahlen verbuchen, die Anteil an diesen touristischen Gunsträumen haben: Mecklenburg-Vorpommern, Niedersachsen, Baden-Württemberg und Spitzenreiter Bayern. Zunehmender Beliebtheit erfreuen sich Städtereisen, künstliche Erlebniswelten und große Freizeitanlagen.

Destination	Anteil ausländischer Besucher	Anteil Erstbesucher	Anteil kurzfristig angereister
Alpen	10	29	24
Mittelgebirge	12	37	20
Nordsee	1	43	15
Ostsee	4	30	20
Städte	31	34	29
Durchschnitt in Deutschland	15	37	22

Der Begriff „touristisches „Segment" müsste zuerst mit den Schülern geklärt werden. Es handelt sich dabei um eine Einteilung der verschiedenen Tourismusformen- bzw. -arten aus der Marketing-Perspektive. Die Segmente können dabei nach soziodemografischen (zum Beispiel Singlereisen ...), (reise-) verhaltensorientierten (zum Beispiel Busreisen, Kurzreisen...) oder psychografischen (zum Beispiel Kulturreisen ...) Kriterien eingeteilt bzw. ausgewiesen werden. Im SB S. 135 werden wichtige Segmente im Deutschlandtourismus erwähnt, die noch ergänzt und untersucht werden könnten (wie zum Beispiel Urlaub auf dem Bauernhof, Wandertourismus, Industrietourismus, Weintourismus, Wintersporttourismus).
Recherchehinweis: www.deutschertourismusverband.de (Zahlen und Daten zu den einzelnen Segmenten)

Nachfolgend noch einige Hinweise zur Frage nach den Segmenten des deutschen Reisemarktes:

Städtetourismus: Grundsätzlich kann zwischen geschäftlichen und privaten Beweggründen für eine Städtereise unterschieden werden. Relevant ist auch die Dauer des Aufenthalts zwischen Tages- und Übernachtungstourismus. Kulturelles Interesse, Event-Reisen (Festivals oder ähnliche) oder Kongresse und Tagungen, Messen oder Kundenkontakte sind die wichtigsten Beweggründe. Städtereisen in Deutschland sind mittlerweile ein Riesenmarkt. Bundesweit lag die Zuwachsrate bei 2,1 Prozent. Über ein Drittel aller Gäste wurde in Städten mit mehr als 100.000 Einwohnern gezählt.
Kur- und Gesundheitstourimus: Der Kurtourismus ist in Deutschland sehr stark ausgeprägt; es gibt eine Vielzahl von Kurorten. Ein wachsender Markt ist der sogenannte Gesundheitstourismus, der auf präventive Maßnahmen abzielt. Die steigende Zahl von älteren Menschen sowie ein höheres Gesundheitsbewusstsein bedingen eine steigende Nachfrage in diesen Segmenten.
Tagesreisen: Der Tagestourismus ist mittlerweile ein Milliardengeschäft. Deutschland steht im europäischen Vergleich auf Platz eins.
Geschäftsreisen und Messen: Ein stetig wachsendes Segment mit Zuwachsraten über 10 Prozent.
Camping und Caravaning: Auch das Touristik-Camping wächst. Neben den Übernachtungsstatistiken zählen auch Dauercamper und Reisemobilisten außerhalb von Campingplätzen dazu.
Fahrradurlaub: Die Definition für Fahrradtourismus berücksichtigt nur die Reisen, bei denen Fahrradfahren nicht nur als Hauptmotiv für die Reise gelten kann, sondern auch häufig betrieben wird. Der Fahrradtourismus hat mittlerweile eine zentrale Position im Tourismus Deutschlands inne.

Touristische Nachfrage nach dem Reiseland Deutschland
136.1 Ausländische Urlauber suchen in Deutschland touristische Querschnittsprogramme: Rundreisen, Städtereisen, Kulturell orientierte Reise. Weit weniger nehmen sie Spezialangebote an. Obwohl die Querschnittsprogramme auch bei inländischen Urlaubern die größte Rolle spielen, wollen diese auch wesentlich mehr Spezialangebote wahrnehmen. Ihre Bedürfnisse sind also vergleichsweise differenzierter.

136.2 Sehenswürdigkeiten, schöne und außergewöhnliche Landschaften sowie interessante Städte sind die Garanten für touristisches Interesse. Entsprechend profitieren die Bundesländer, in denen sich solche Garanten befinden: Stadtstaaten wie Berlin oder Hamburg, Bundesländer wie Bayern, Niedersachsen oder Mecklenburg Vorpommern.

137.1 Individuelle Aufgabenlösung.
Recherchehinweis: http://www.bfn.de/0323_iye_nachhaltig.html

137.2 (a) Weitere wichtige Leitlinien zur Förderung des Fahrradtourismus finden sich in der Grundlagenuntersuchung vor allem in Kapitel 7 „Trends, Ziele und Handlungsempfehlungen (S. 146–174). Hier eine knappe Übersicht über die Ziele:
- Förderung des Fahrradurlaubes durch gezielte Verbesserung der Bedingungen vor Ort
- Einbeziehung von Politik, Verwaltung, Vermessungsämtern, Tourismusorganisationen (Regionen und Länder) Beherbergungsbetriebe, Gastronomie Betreiber, Initiatoren, Verantwortliche für Radrouten, Radtouristischen Dienstleistern
- Überblick zur Radrouteninfrastruktur erarbeiten (Zusammenstellung eines deutschlandweiten Radwegebestandes) und Umarbeiten in anwendbare Form: Routenplanern für jeden Radtouristen.
- Schaffung länderübergreifender Radwegekoordinierungsstellen
- Entwicklung von Fahrradpauschalangeboten
- Verbesserung der Wegweiser im weitesten Sinne – Abstimmung von Reiseberichten, Informations- und Kartenmaterial, Internetpräsentation, Wegweisern vor Ort
- Bereitstellung von GPS, d.h. mobilen und digitalen Diensten
- Sorgfältige Zusammenstellung von Radrouten unter Berücksichtigung vielfältiger Aspekte (Infrastruktur, Dienstleistung, Wegequalität (auch je nach Zielpublikum unterschiedlich)
- Förderung der Gastronomie
- Qualitätsinitiativen für Unterkünfte und sonstige Dienstleister
- Radfahrer-Zählungen als Erfolgsindikator (Monitoring)
- Angebote für Gelegenheitsradfahrer (Radverleih)
- Ausbau des Versicherungsschutzes bei Dienstleistern

(b) Recherchehinweis: www.radwanderhaeusle-alb.de
Merkmale:
- speziell an Radlerbedürfnisse angepasste Übernachtungshütten (geschützte Abstellmöglichkeit, überdachter Freisitz etc.).
- Versorgungsangebot mit eigenen bzw. regionalen Produkten
- Informationen zu den Radwanderzielen der Umgebung

137.3 Individuelle Aufgabenlösung
Recherchehinweise: www.europarc.de, www.bfn.de (themen/großschutzgebiete)
Nationalparks und Biosphährenreservate sind als Zielpunkt für naturinteressierte Menschen von großer Bedeutung für den nachhaltigen Tourismus. Sie sind infrastrukturell in das touristische Gesamtkonzept einer Region eingebettet und generieren durch ihre Anziehungskraft touristisches Potenzial. Beispiele hierfür finden sich auf den einzelnen Internetpräsentationen der Nationalparks und Biosphärenreservate.

Tourismuszentrum Oberbayern
139.1 Individuelle Aufgabenlösung
Recherchehinweis: www.oberbayern.de

139.2 Da Oberbayern zu den beliebtesten Destinationen Deutschlands zählt, stellt der Tourismus hier einen bedeutenden Wirtschaftsfaktor dar und garantiert standortsichere Arbeitsplätze in vielen Brachen:
- In erster Linie verdienen die Beherbergungsbetriebe, das Gastgewerbe und die Freizeit- und Unterhaltungseinrichtungen (vgl. M2: Die Segmente für Unterkunft, Verpflegung und Freizeit bzw. Unterhaltung ergeben in der Summe einen Anteil von über 50 % aller Einkünfte aus dem Tourismus).
- Der indirekte Einfluss ist noch viel weitergehend: So profitieren die Nahrungsmittelerzeuger im ländlichen Raum, die Einzelhandelsgeschäfte und sonstigen Dienstleister in den Tourismusorten.
- Wenn die in- und ausländischen Gästeankünfte seit Ende der 90er Jahre auch nicht drastisch angestiegen sind (von 8 auf ca. 12 Mio.), so ist dennoch eine stetige Zunahme zu verzeichnen und es ist dieses konstante Gästeaufkommen, auf das die oberbayerische Wirtschaft letztlich seit Jahrzehnten zählen kann (2008: 11,7 Mio. Gästeankünfte sowie rund 30,6 Mio. Übernachtungen).
- Auch die durchschnittliche Aufenthaltsdauer ging in den letzten Jahren nicht weiter zurück, sondern stabilisierte sich bei 2,6 Tagen. Dies liegt vor allem an der gleichbleibenden Aufenthaltsdauer der deutschen Gäste mit durchschnittlich 2,8 Tagen.
- Der innovative Großraum München und insbesondere die attraktive Landeshauptstadt München bilden besondere „Magnete“, was in den im Vergleich zum gesamten Raum Oberbayern deutlich höheren Zuwachsraten bei den Gästeankünften zum Ausdruck kommt.

139.3 Eine Destination wie Oberbayern muss mit Destinationen auf der gesamten Welt „konkurrieren“: Die rasche Erreichbarkeit auch noch so entfernter Ziele durch Billigflüge bedingt, dass Fernreisen kein „Kostenfaktor“ mehr in den Haushaltskassen sind (im Gegenteil: unter Umständen ist eine Woche Dominikanische Republik pauschal mit „all inclusive“ sogar billiger, als eine Woche Tegernsee in einer von Standard her vergleichbaren Unterkunft). Das bedeutet, dass Oberbayern mit attraktiven Angeboten auf den Tourismusmarkt gehen und Bevölkerungsschichten ansprechen muss, die entweder spezielle Angebote suchen oder aus wirtschaftlichen Gründen nahe Regionen wie Oberbayern bevorzugen.
Das Urlaubsverhalten der Menschen hat sich geändert: Wandern und Bergsteigen im Sommerurlaub ist für viele Deutsche längst nicht mehr so attraktiv wie der Badeurlaub am Meer oder der Kulturtrip in archaische oder exotische Regionen. Mit der Wetterstabilität im europäischen Sommer kann Oberbayern nicht dienen. Das Erlebnisbad Alpa Mare in Tölz, das dann an solchen grauen Tagen besucht werden kann, ist nur bedingt ein Ersatz. Vor allem jüngere Leute und Personen mittleren Alters bevorzugen daher aus den genannten Gründen das Ausland. Mitbürger mit Migrationshintergrund, deren Zahl steigend ist, verbringen aus familiären Gründen ihre freie Zeit ohnehin häufig im jeweiligen Heimatland.
Gäste aus dem Ausland zieht es vorwiegend in den Großraum München. Kleinere und etwas abseitiger gelegene Tourismusorte in Bayern sind bei dieser Klientel zu wenig bekannt, was eine entsprechende Marketingstrategie, der jeweiligen Orte erfordert. Was den Wintertourismus anbelangt, so zieht es nach wie vor Jung und Alt in die Berge, sind doch die höheren davon einigermaßen schneesicher. Allerdings ist zu bedenken, dass der bayerische Anteil an den Alpen gering ist und die touristische Konkurrenz der „richtigen“ Alpenländer groß ist. Oberbayern muss sich anstrengen, um hier im Tourismusmanagement mithalten zu können.

Aufgrund der Klimaerwärmung wird man sich in den bayerischen Alpen auch für den Wintergast Alternativen überlegen müssen. Nicht zu vergessen sind die „Wintersportabstinenzler“, die sich aus ökologischen und Kostengründen (ein Winterurlaub ist sehr teuer!) vom Skisport abgewandt haben. Krisen wie die Finanzkrise von 2007/2008 bedingen schließlich, dass vor allem Einbußen hinsichtlich der Gästeankünfte aus dem Ausland zu verzeichnen sind. Also gilt es, den Markt zu diversifizieren, verstärkt einheimische Touristen anzusprechen und für die richtigen Zielgruppen attraktive Angebote zu schaffen.

139.4 Maßnahme – Urlaubsbörse: Unter dem Motto „Urlaub wie Sie Ihn sich wünschen“ kann man im Internet in einen Fragebogen Vorstellungen und Wünsche vom ganz persönlichen Urlaub in Oberbayern eingeben. Man erhält max. 20 individuelle Angebote und Urlaubsvorschläge.
Maßnahme – Qualitätsoffensive Oberbayern: Hier reagierte man auf das wachsende Qualitätsbewusstsein heutiger Kunden im Tourismus und strebt seit einigen Jahren verstärkt nach Qualitätssteigerung und Qualitätssicherung. Um diese Ziele für den Gast zu erreichen, etablieren sich deutschlandweit immer mehr Klassifizierungs- bzw. Zertifizierungssysteme, Qualitätslabels oder Wettbewerbe. Zielsetzungen: Kundenorientierung, Servicekompetenz, Höhere Qualitätskonstanz, Ausbildung der Mitarbeiter
Maßnahme: Wir sind Tourismus: Bei der Initiative „Wir sind Tourismus“ können sich Schüler aus Grund-, Haupt-, Real- oder Förderschulen, aus Gymnasien, Berufs- oder Wirtschaftsschulen Tourismus-Projekte ausdenken. Mitmachen können ganze Klassen mit ihrer jeweiligen Lehrkraft. Auch Schülergruppen können sich beteiligen. Die Ergebnisse werden veröffentlicht, damit alle bayerischen Regionen die Ideen und Projekte kennenlernen. Am Ende wählt eine Fachjury die besten Projekte aus und diese werden dann prämiert. Formen der Projekte können zum Beispiel sein: Analysen, Interviews und Fragebögen mit Auswertung, Bildfolgen, Prospekte, Filme, Theaterstücke, Lieder, Berufsdarstellungen, Spiele, eine Zeitung, Aufsätze, Pressetexte, Praxistage, Events, Ausstellungen etc. Die Projekte können passend zum jeweiligen Lehrplan der Jahrgangsstufe und nach den Fähigkeiten und Interessen ausgesucht werden.

Raumbeispiel: Tölzer Land
141.1 Das attraktive naturräumliche Angebot ermöglicht eine Vielfalt von Freizeit- und Sportaktivitäten. Gleichzeitig erlaubt die Nähe zu München, dass auch ein umfangreiches kulturelles Angebot wahrgenommen werden kann. Somit werden die zwei wichtigsten Säulen der touristischen Nachfrage befriedigt. Allerdings ergeben sich im Hinblick auf die Freizeit- und Sportaktivitäten Einschränkungen durch die mangelnde Schneesicherheit im Winter sowie durch die fehlende Sonnenscheingarantie im Sommer. Das Tölzer Land muss die Konkurrenz von Alpenländern wie Österreich oder der Schweiz aushalten, und im Sommer steht die Region unweigerlich im Wettbewerb mit Ländern wie Italien. Für Familien mit Kindern, die nicht so weit fahren wollen, bestehen allerdings attraktive Angebote, wie zum Beispiel im Segment „Urlaub auf dem Bauernhof“.
Mit dem Ziel, sich zur „Kräuter-Region“ zu formieren, wird der umwelt- und gesundheits-, aber auch bildungsbewusste Tourist ins Auge gefasst. Durch die Anstrengungen kann sich dieses Image durchaus zum Alleinstellungsmerkmal entwickeln. Mit dem „LöwenzahnFrühling“ etwa versucht man die Profilierung einer ganzen Tourismusregion. Man legt sich auf gemeinsame Ziele fest und bemüht sich dadurch um eine Steigerung der Attraktivität der Nebensaison. Durch Koordination verschiedener Partner aus Tourismus und Landwirtschaft und mit Kräuterpädagogen als verbindendes Element will man den Gästen verschiedene „Highlights“ rund um das Thema Kräuter bieten.
Ein gewisses Alleinstellungsmerkmal könnte auch im alpinen Skitourismus am Brauneck gesehen werden: Als sogenannter „Münchener Hausberg“ bietet der Gebirgsstock ein vielfältiges Skiangebot, das für kurze Wochenendtrips ideal ist und in dieser Entfernung von München so leicht nicht zu finden ist. Probleme in der einheitlichen Vermarktung entstehen durch zu geringe Kooperation der Fremdenverkehrsämter. Die Kooperationsansätze wird man deshalb sicher noch vertiefen müssen.

141.2 Naturnaher Tourismus: Bei den Sportmöglichkeiten sind vor allem Maßnahmen hinsichtlich folgender Sportarten geplant: Langlaufen (Loipennetz), Nordic Walking, Radfahren, Bergwandern, Schneeschuh – und Skitouren. Diese Sportarten haben keine so einschneidenden Auswirkungen auf den Naturraum als etwa der alpine Abfahrtstourismus. Sie sind sowohl im Hinblick auf die vorbereitenden Maßnahmen als auch bei der jeweiligen Ausführung weitgehend naturschonend (was mit den Schülern im Einzelnen erläutert werden könnte). Zudem werden Sommer- und Winterkurse zum alpinen Risikomanagement ins Auge gefasst, wodurch das Umweltbewusstsein, aber auch ein angepasstes Verhalten sowie das Verhalten in Gefahren geschult werden soll. Auch die Anlage von Heilklimaparks sowie die Steigerung der Attraktivität der Flößerei sind als naturnahe Maßnahmen zu bezeichnen.

Moderne Kundenansprüche: Mit der Förderung des genannten Sportangebots werden moderne Kundenansprüche berücksichtigt, weil diese Sportarten der Steigerung der „Fitness“ dienen, der man sich gerade im Urlaub verstärkt widmen will. Zudem haben sich in den letzten Jahren viele vom alpinen Abfahrts-tourismus abgewandt, sei es aus Gründen des gestiegenen Umweltbewusstseins oder Kostengründen. Auch dem verstärkten Gesundheitsbewusstsein wird durch Heilklimaparks Rechnung getragen. Die GPS-Erfassung von Radwegen und Wanderwegen darf im Angebotsportfolio ebenfalls nicht mehr fehlen: Ein gutes Routing, GPS-Files zum Download, GPS-Leihgeräte etc. gehören heute dazu.

141.3 (a) Hochseilgarten Isarwinkel: Dieser befindet sich in Lenggries am Fuße des Braunecks in der Nähe der Brauneck-Bergbahn. Der Hochseilgarten Isarwinkel hat eine entsprechende Website, sodass die Schüler mit Hilfe von dieser seinen Standort bestimmen können: www.hochseilgarten-isarwinkel.de
Bad Tölz und Bad Heilbrunn: Bad Tölz liegt im mittleren Isartal, am Eingang zum Isarwinkel, am Rande der Bayerischen und Nordtiroler Kalkalpen. Der Landkreis Bad Tölz-Wolfratshausen gehört zum bayerischen Regierungsbezirk Oberbayern. Der heilklimatische Kurort Bad Heilbrunn liegt im Zentrum des Landkreises Bad Tölz-Wolfratshausen und ist eingebettet zwischen Isar und Loisach, zwischen den Städten Penzberg im Westen und Bad Tölz im Osten.
Als zusätzliche Aufgabe könnte man – schon im Hinblick auf die Frage 3c – die Schüler recherchieren lassen, warum bzw. wie lange die beiden Orte schon das Prädikat „Bad“ tragen, um von da ausgehend die Notwendigkeit, sich heute um einen diversifizierteren Tourismus zu bemühen, zu begreifen (Niedergang des Bädertourismus durch die Gesundheitsreform): Bad Tölz: 1846 – Entdeckung von Jodquellen, 1899 Verleihung des Titels „Bad“ an den Ort Tölz. 1969 folgte zusätzlich die Anerkennung als Heilklimatischer Kurort und 2006 die Anerkennung als Moorheilbad; Bad Heilbrunn: Bereits seit dem 12. Jh. bekannte Heilquellen führten schließlich 1934 zum Prädikat Heilbad.
Flößerei auf der Isar: Mit Hilfe des Atlas kann der Verlauf der beiden für die Flößerei wichtigen Flüsse nachvollzogen werden: Loisach und Isar im Voralpengebiet zwischen Wolfratshausen und der Jachenau
(b) Individuelle Aufgabenlösung
Hinweise Zielgruppen: Hochseilgarten: Jugendliche, sportliche Interessierte, Firmen („Teamwork-Training“); Bad Toelz/ Bad Heilbrunn: Gesundheitsbewusste „Best Ager“; Flößerei: Älteres Publikum; Kräuterpark: Familien
(c) Individuelle Aufgabenlösung

Kapitel 2.5 Steuerungsinstrumente der Raumentwicklung in Deutschland

Raumordnung und Raumplanung
143.1 Ziele der Raumordnung: ausgewogene Raumentwicklung, die soziale, wirtschaftliche und ökologische Anforderungen in Einklang bringt; Sicherung gleichwertiger Lebensbedingungen; Verbesserung und Sicherung der Grunddaseinsfunktionen und der natürlichen Lebensgrundlagen; Schutz der Umwelt; wirtschaftliche Entfaltung; Stärkung der Regionen; nachhaltige Raumentwicklung

143.2 Die Planungsebenen sind einerseits hierarchisch, andererseits aber auch vertikal verknüpft. Die Rahmenvorgaben und Leitbilder werden durch die Bundesraumordnung festgelegt. Daran sind alle folgenden Planungsebenen gebunden: Die Kontrolle bzw. Koordination auf oberster Ebene erfolgt über die Ministerkonferenz der Länder, die die Schnittstelle für die Landesplanungen bildet und gleichzeitig auch die Bundesraumordnung mitbestimmt. Wichtige weitere Ebenen sind die Planungsebenen der Länder, der Regionen und der Kommunen. In der gegenseitigen Abstimmung werden einerseits die kommunalen und regionalen Bedürfnisse, Zielvorstellungen und Aufgabenfelder praxisnah geplant und umgesetzt, andererseits sind die Vorgaben der Landesplanung zu berücksichtigen. Teilweise geben diese auch planerische Vorgaben für die kommunale Ebene (z. B. bei infrastrukturellen Maßnahmen und zentralen Versorgungsaufgaben). Die gegenseitige Einflussnahme der einzelnen Ebenen aufeinander nennt man auch Gegenstromprinzip. In der vertikalen Ebene sind Fachplanungsbehörden und Träger mit öffentlichen Aufträgen in die einzelnen Planungsebenen eingebunden. So werden öffentliche Versorgungsaufträge und fachwissenschaftliche Grundlagen in die Planungen integriert.

143.3 Gegenstromprinzip = Prinzip der gegenseitigen Einflussnahme und Berücksichtigung der einzelnen Planungsebenen (vgl. Aufgabe 2).

143.4 Individuelle Aufgabenlösung

2. Verlinkung zu Diercke Multimedia

Doppelseite	Passende Karten im Diercke-Weltatlas Kartennummer (**Ausgabe 2008** / ältere Ausgaben)
8/9	**254.1** –
10/11	**250.1** 236.1
12/13	**250.2** 236.2
16/17	**244.1, 248/249.1** 232.1
18-21	**251.3, 250.1, 252.3, 253.4** 237.1, 236.1, 234.2, 235.3
22/23	**244.2** 232.2
24/25	**138/139, 142/143, 250.1** 134/135, 138/139, 236.1
30-33	**250.2** 236.2
34/35	**180/181, 244/245.1, 250.1** (168/169.1), 232/233.1, 236.1
36/37	**138/139, 142/143, 250.1** 134/135, 138/139, 236.1
40-43	**252/253.1, 252.3, 253.4, 258.3** 234/235.1, 234.2, 235.3, –
44-47	**86.4, 88.1, 252/253.1, 252.2** 124.4, 122.1, 234/235.1
52-55	**254.2, 151.3** 238.2, –
56-59	**252/253, 258.3, 112.1, 112.2, 205.3, 172.1, 176.1** 234/235.1, – , 92.1, 92.2, 199.3, 174.1, 176.1
60/61	**136.3, 136.4, 211.2, 218.3** – , – , 207.2, 212.3
62/63	**158/159, 164/165** 156/157, (162)
64/65	**168/169, 174/175, 176.1** 170/171, (177.1) , 176.1
66-71	**161.7, 202.1, 203.2, 203.3, 203.4, 205.3, 218.3, 201.3, 206.2, 211.2,** – , 196.1, 197.1, 197.2, – , 199.3, 212.3, – , 200.2, 207.**2**

Diercke-Handbuch (Texte, weitere Grafiken sowie Literatur- und Internetverweise)	Kartennummer unter www.diercke.de – Texte (T), Downloads von Grafiken (G), Verweise auf Fachzeitschriftenartikel (F)	Diercke-Multimedia www.diercke.de – Karten, bei denen eine Nutzung von Diercke Globus online besonders empfehlenswert ist
S. 461f.	T / G	
S. 454f. S. 370f.	T / G	
S. 455f. S. 371	T / G	
S. 444f., S. 450f. S. 365f.	T / G / F	
S. 456f., S. 454f., S.459f., S.460 S. 372f., S. 370f., S.368f., S.369f.	T / G / F	
S. 445 S. 366f.		
–, S.271f., S. 454f. –, S.230f., S. 370f.	T / G	**138/139, 142/143**
S. 455f. S. 371	T / G	
S. 331, S.444f., S. 454f. S. 267f., S. 365f., S.370f.	T / G / F	**180/181**
–, S.271f., S. 454f. –, S.230f., S.370f.	T / G / F	**138/139, 142/143**
S. 258f., S. 470 S. 368f.	T / G / F	
S. 176, S.180f., S. 458f. S.209, S.204f., S.368f.	T / G / F	**88.1**
S. 462f., S. 283f S. 375f.	T / G / F	
S. 458f., S. 470, S. 218f., S. 374, S. 317f., S. 323 S. 368f., S. 166f., S.312f., S. 275f., S. 277f.	T / G / F	**112.1, 112.2, 172.1, 176.1**
S. 265f., S. 386f., S. 399f – , S. 322f., S. 335	T / G / F	
–, S. 307 –, S. 257f,	T / G / F	
–, S. 322f. –, S. 280, S.277f.	T / G / F	**176.1, 174/175**
S. 296f., S. 364f., S. 374f., S. 386f., S. 399f. S. 303f., S. 312f., S. 323f., S. 335	T / G / F	**167.1, 202.1, 205.3, 218.3**

Doppelseite	Passende Karten im Diercke-Weltatlas Kartennummer (**Ausgabe 2008** / ältere Ausgaben)
72-75	**248/249.1, 244/245.1, 167.7** – , 232.1 , –
80-83	**248/249.1, 244/245.1, 251.4, 33.3** – , 232/233.1, 237.2, –
84-87	**26/27, 36.2, 37.1, 30.1, 33.2, 33.3, 40.1, 46 , 47.1** 24/25, 34.2, 35.1, 28.1, – , – , 38.1, 44.1, 45.1
90-91	**246/247.1, 246/247.2, 247.3, 247.4, 89.1, 89.2, 177.3,** – , 238.1 , – , 123.3, 123.1, – , –
92/93	**178/179** 166/167
94-97	**256.2** 240.2
100/101	**74.1 , 74.5 , 72.1 , 72.2, 73.6,** (71.3), (71.4), (70.2), – , (70.3)
102-103	**65.3, 65.4,** 59.2, 70.1
106-113	**31.3, 32.1, 35.4, 41.1, 65.4, 69.4, 69.5, 69.6, 69.7** – , 30.1, 33.1, 39.2, 70.1, 65.1, 65.2, – , –
114/115	**47.2, 47.3, 71.3** 45.2, 45.3, 69.2
116/117	**73.7, 73.8, 39.4, 39.5, 72.3** – , – , – , – , 68.1
118-121	**67.2, 67.3, 71.4, 71.5** – , – , 55.3, –
124/125	**26/27, 64.1, 65.2, 65.3, 33.2 , 40.1, 47.1** 24/25, 58 , 59,1, 59.2, (31.2), 38.1, 45.1
126/127	**42** 40
128/129	**46** 44.1,
130/131	**68.1, 68.2, 68.3,** 64.2, 64.1, – , 64.3
134-141	**60, 61.2, 58.2, 31.3, 35.4, 41.1** 60, – , 47.1, – , 33.1, 39.2
138-141	**59.6, 46, 47.2, 47.3** – , 44.1, 45.2, 45.3
142/143	**66.1** 62

Diercke-Handbuch (Texte, weitere Grafiken sowie Literatur- und Internetverweise)	Kartennummer unter www.diercke.de – Texte (T), Downloads von Grafiken (G), Verweise auf Fachzeitschriftenartikel (F)	Diercke-Multimedia www.diercke.de – Karten, bei denen eine Nutzung von Diercke Globus online besonders empfehlenswert ist
S. 450f., S. 444, S. 314 – , S. 365f.	T / G / F	
S. 450f., S. 444f., S. 457, S. 39 – , S. 365f., S. 373f.	T / G / F	
S. 23 , S. 46f., S. 29f., S. 38f., S. 55f., S. 69f. S. 12f., S. 35f., S. 18f., S. 44f., S. 57f.	T / G / F	**26/27, 36.2, 37.1, 30.1, 33.2, 40.1**
S. 446f., S. 183f., S. 328f. – , S. 374f., S. 206	T / G / F	
–	T / G	**178/179**
S. 467f. S. 379f.	T / G	
S. 147f., S. 142f. S. 131f., S. 129f.	T / G	
S. 125f. S. 101f., S. 128	T / G / F	
S. 32f., S. 34f., S. 43f., S. 59f., S. 126, S. 132f. – , S. 25f., S. 30f., S. 48f., S. 128, S. 114f.	T / G / F	**31.3, 41.1, 69.4**
S. 71f., S. 138f. S. 59f., S. 126f.	T / G / F	
S. 145f., S. 52f. S.122	T / G / F	
S. 128, S. 140f. S. 92	T / G	
S. 23 , S. 122f., S. 38f., S. 55f., S. 70f. S. 12f., S. 99f. , S. 29 , S. 44f., S. 58f.		
S. 61f. S. 50	T / G / F	**42**
S. 69f. S. 57f.	T / G / F	**46**
S. 130f. S. 112f.		**68.1**
S. 109f., S. 104f., S. 32, S. 43f. S. 104f., – , S. 63, S.33f., S. 48f.	T / G / F	**58.2**
S. 108, S. 69f. – , S. 57f		**46**
S. 127f. S. 108f.	T / G	

3. Katalog relevanter Fachzeitschriftenartikel

Seiten	Thema	Passende Artikel aus Fachzeitschriften
8/9	Kulturerdteile / Weltenansatz / Disparitäten	Kreutzmann, Hermann: Neue Drei-Welten-Lehren in der Entwicklungsforschung – Kluft und Konflikt im globalen Spannungsfeld. In: Geographische Rundschau, 10/06 Gerhard, Ulrike und Eberhard Rothfuß: Armer Süden, reicher Norden? – Urbane Disparitäten in einer globalisierten Welt. In: Praxis Geographie, 07-08/09
10/11	Entwicklungsmodelle/ Nachhaltigkeit / Unterentwicklung	Wenzel, Hans-Joachim: Transformationsprozesse und Unterentwicklung in Mosambik. In: Geographische Rundschau, 04/98 Schreiber, Jörg-Robert und Stephan Schuler: Wege Globalen Lernens unter dem Leitbild einer nachhaltigen Entwicklung. In: Praxis Geographie, 04/05
12/13	Entwicklungs-indikatoren	Scholz, Fred und Detlef Müller-Mahn: Arm und reich in der islamischen Welt. In: Praxis Geographie, 07/97
14/15	GIS	Siegmund, Alexander und Simone Naumann: GIS in der Schule – Potenziale für den Geographieunterricht heute. In: Praxis Geographie, 02/09 *Themenheft: GIS für Einsteiger. geographie heute 233 (2005)*
16/17	Entwicklungs-theorien	Scholz, Fred: Die Theorie der „fragmentierenden Entwicklung". In: Geographische Rundschau, 10/02 Kulke, Elmar: Globaler Welthandel – Gründe, Merkmale und räumliche Wirkungen. In: Praxis Geographie, 07/05
18/19	Entwicklungs-hemmnisse / Armut / Hunger	Merklein, Anne und Ute Ammering: Mosambik – Armutsbekämpfung mit Widersprüchen. In: Geographische Rundschau, 06/10 Brameier, Ulrich: Ein Dollar pro Tag – der Kampf gegen die Armut – Ein Blick in die Presse. In: Praxis Geographie, 12/01 Bilingual: Heilig, Gerhard K., Ming Zhang und Hualou Long: Poverty Alleviation in China: A Lesson For the Devoloping World?. In: GR international 02/06
20/21	Benachteiligte Bevölkerung / informeller Sektor / Gesundheit	Schneider, Helmut: Informeller Sektor oder „real life economy"? – Überlebenssicherung in der Dritten Welt. In: Praxis Geographie, 04/01 Tröger, Sabine und Eva Prediger: AIDS und seine „Opfer" – Akteure im Kampf gegen das Virus. In: Praxis Geographie, 06/05 Geiselhart, Klaus und Fred Krüger: Die HIV/AIDS-Krise – Botswanas strategische Antwort als Vorbild?. In: Geographische Rundschau, 02/07 Leisch, Harald: Die AIDS-Pandemie – regionale Auswirkungen einer globalen Seuche. In: Geographische Rundschau, 02/01
22/23	Welthandel / Rohstoffexporte	Coy, Martin und Tobias Töpfer: Handel mit mineralischen Rohstoffen – Entwicklung mit Zukunft in Südamerika?. In: Geographische Rundschau, 11/09 Kiese, Matthias: Mineralische Rohstoffe in Südostasien – Das Beispiel des Zinnbergbaus in Malaysia und Indonesien. In: Geographische Rundschau, 11/09
24/25	Niger	Kerscht, Christoph: Ressourcenschutz und Ernährungssicherung im Niger. In: Praxis Geographie, 10/07 Flury, Manuel: Ist nachhaltige Entwicklung möglich? – Das Beispiel Bodennutzung in der Region Tahoua/Niger. In: Geographische Rundschau, 09/01 *Themenheft: Afrika im Abseits? geographie heute 190 (2001)*
26/27, 28/29	Entwicklungs-strategien	Neubert, Dieter und Elisio Macamo: Entwicklungsstrategie zwischen lokalem Wissen und globaler Wissenschaft. In: Geographische Rundschau, 10/02 Fuchs, Martina: Globalisierung, Dependenzen und Abkopplungen: Zur Verursachung von Armut in Mexiko. In: Geographische Rundschau, 10/03
30/31, 32/33	Entwicklungspolitik / Entwicklungszusammenarbeit	Kopp, Horst: Entwicklungszusammenarbeit als Terrorismusbekämpfung – Das Beispiel Jemen. In: Geographische Rundschau, 11/06 Neubert, Dieter und Elisio Macamo: Entwicklungsstrategie zwischen lokalem Wissen und globaler Wissenschaft. In: Geographische Rundschau, 10/02

Seiten	Thema	Passende Artikel aus Fachzeitschriften
34/35	Malaysia / Schwellenland	Krause, Tilman: Schwellenland Malaysia – Auf dem Weg zum Industrieland?. In: Praxis Geographie, 05/06 Diez, Javier Revilla: Malaysia zwischen Ausgleich und Konzentration – Regionale Auswirkungen einer wissensbasierten Wirtschaftsentwicklung. In: Geographische Rundschau, 07/09 Kinder, Sebastian: Schwellenländer – Merkmale und regionale Unterschiede. In: Praxis Geographie, 05/06
36/37	Mali	Krings, Thomas: Baumwollproduktion für den Weltmarkt: verzerrter Wettbewerb und die Folgen für Mali (Westafrika). In: Geographische Rundschau, 11/04 *Themenheft: Entwicklungsländer. geographie heute 215 (2003)*
40/41	Bevölkerungsverteilung / Ökomene	Dieterle, Gisela und Wilfried Korby: Kamtschatka – Lebensraum am Rande der Ökumene. In: Praxis Geographie, 10/00 Klingholz, Reiner: Weltbevölkerung – Zwischen Wachstum und Schrumpfen. In: Praxis Geographie, 05/07
42/43	Demographie / demographischer Übergang	Schuler, Stephan: Die Entwicklungsdynamik der Weltbevölkerung – Ein Beispiel für den Einsatz von lebendigen Diagrammen. In: Praxis Geographie, 05/07 Husa, Karl und Helmut Wohlschlägl: Südostasien „ergraut" – Demographischer Wandel und Alterung der Bevölkerung in Südostasien. In: Geographische Rundschau, 10/09
44/45, 46/47	Bevölkerungsentwicklung	Klingholz, Reiner: Weltbevölkerung – Zwischen Wachstum und Schrumpfen. In: Praxis Geographie, 05/07 *Themenheft: Bevölkerung aktuell. geographie heute175 (1999)* Bilingual: Husa, Karl und Helmut Wohlschlägl: From „Baby Boom" to „Grey Boom"? – Southeast Asia's Demographic Transformation and its Consequences. In: GR international 01/08 Bilingual: Zaniewski, Kazimierz J. und William H. Berentsen: European Regional Population Conditions in the 21st Century – Characteristics, Changes and Challenges. In: GR international 02/09
48/49	Tragfähigkeit / ökologischer Fußabdruck	Bohle, Hans-Georg: Bevölkerungsentwicklung und Ernährung – Sind die „Grenzen des Wachstums" überschritten?. In: Geographische Rundschau, 02/01 Schnauss, Matthias: Ökologischer Fußabdruck – Ein Indikator für nachhaltige Entwicklung. In: Praxis Geographie, 09/07
50/51	Bevölkerungspolitik/ Millenniumsentwicklungsziel	Hoffmann, Thomas: Bevölkerungspolitik in Indien und China. In: Praxis Geographie, 05/07 Hartung, Thorsten: „Nur ein Kind für die Zukunft Chinas und das Glück der Familie" – Die Bevölkerungspolitik Chinas. In: Praxis Geographie, 01/05 Padberg, Stefan: In 15 Jahren die Welt verbessern (?) – Die Millenniumsziele der UNO kritisch hinterfragt. In: Praxis Geographie, 05/07 Herbers, Hiltrud: Weltweite Hungerbekämpfung durch Global Food Players? – Über die Realisierbarkeit eines Millenniumsziels. In: Geographische Rundschau, 11/05
52/52, 54/55	Migration	Pries, Ludger: Internationale Migration. In: Geographische Rundschau, 06/08 Doevenspeck, Martin: Migration und Landkonflikte in Benin. In: Geographische Rundschau, 10/06 Scharl, Peter: ¡Vamos al norte! – Migration aus Mittelamerika in die USA. In: Geographische Rundschau, 01/07 *Themenheft: Bevölkerung aktuell. geographie heute 194 (2001)* *Themenheft: Bevölkerung und Migration. geographie heute 261/262 (2008)* Bilingual: Meyer, Frank: Migration and the Fortress of Europe in the Western Mediterranean. In: GR international 01/07 Bilingual: Lebhart, Gustav und Stephan Marik-Lebeck: Migration from the Balkans to Austria. In: GR international 03/07

Seiten	Thema	Passende Artikel aus Fachzeitschriften
56/57, 58/59	Verstädterung / Metropole/ Global City/ Gentrifizierung	Hahn, Barbara: New York, Chicago, Los Angeles – Global Cities im Wettbewerb. In: Geographische Rundschau, 04/04 Zehner, Klaus: Megastädte – Weltstädte – Hauptstädte – Brennpunkte der Urbanisierung. In: Praxis Geographie, 10/01 Janke, Ute: Megastädte: Ein Thema für den Geographieunterricht!. In: Praxis Geographie, 07/09 Escher, Anton, Sandra Petermann und Birgit Clos: Gentrification in der Medina von Marrakech. In: Geographische Rundschau, 06/01 Bilingual: Hoyer, Michael: London and Frankfurt as World Cities. In: GR international 01/05 Bilingual: Burkart, Katrin, Oliver Gruebner, M. M. H. Khan, und Ronny Staffeld: Megacity Dhaka – Urban Environment, Informal Settlements and Public Health. In: GR international 01/08 Bilingual: Job, Hubert und Elias Butzmann: Primate City Nairobi – A Metropolis between Growth and Restructuring. In: GR international 04/08 Bilingual: Waibel, Michael: Ho Chi Minh City – a Mega-Urban Region in the Making. In: GR international 01/09 Bilingual: Nissel, Heinz: Contesting Urban Space: Megacities and Globalization in India. In: GR international 01/09 Bilingual: Arun Das, S. und Koichi Kimoto: ArunCounter Urbanization in Indians Cities – The Case of Mysore. In: GR international 04/09
60/61	Segregation / Marginalisierung / Slums / Gated Community	Bähr, Jürgen und Günter Mertins: Marginalviertel in Großstädten der Dritten Welt. In: Geographische Rundschau, 07/00 Killisch, Winfried und Jürgen Dietz: Sanierung von Favelas in Rio de Janeiro – Bessere Lebensbedingungen in städtischen Marginalsiedlungen. In: Geographische Rundschau, 03/02 Kraas, Frauke: Globalisierungs- und Marginalisierungsprozesse in Megastädten. In: Praxis Geographie, 07/09 Bilingual: Mertins, Günter und Michaela Paal: Urban Agglomerations in Latin America: Poor, Vulnerable and Ungovernable? – Case Studies from Bogotá and Barranquilla, Colombia. In: GR international 02/10 Bilingual: Seger, Martin: Urban Development and Segregation in Greater Istanbul. In: GR international 02/10
62/63	Mumbai (Bombay)	Nissel, Heinz: Mumbai: Megacity im Spannungsfeld globaler, nationaler und lokaler Interessen. In: Geographische Rundschau, 04/04 Ohl, Ulrike: Bombay – Vom Leben in der Megastadt. In: Praxis Geographie, 06/07 Zeitler, Horst: Für wen strahlt Mumbai – Syndromverknüpfungen am Beispiel der Entwicklung Mumbais. In: Praxis Geographie, 06/08
64/65	Tokio	Flüchter, Winfried: „Pendlerhölle“ zwischen Last und Lust – Mega-Metropole Tôkyô. In: Praxis Geographie, 10/01 Noltenius, Franziska: Tokio im Fokus – Die Schattenseiten einer Global City. In: Praxis Geographie, 04/07 Hohn, Uta und Andreas Hohn: Stadtentwicklung an der Waterfront der Bucht von Tôkyô – die japanische Variante. In: Geographische Rundschu, 06/00 Hohn, Uta: Renaissance innerstädtischen Wohnens in Tôkyô – Trend zur Reurbanisierung. In: Geographische Rundschau, 06/02 Vogt, Silke: Bürgerbeteiligung und Stadtplanung in Tôkyô. In: Geographische Rundschau, 06/02
66/67	Stadtbegriff / Stadtmodelle	Gerhard, Ulrike: Stadt und Wirtschaft der USA im Wandel. In: Praxis Geographie, 03/06 Dear, Michael: Die Los Angeles School of Urbanism. In: Geographische Rundschau, 01/05 Dudzek, Maren: Die Stadt im Orient. In: Praxis Geographie, 03/05 Hild, Hans-Henje: Stadtmodelle in Klausuren. In: Praxis Geographie, 01/97

Seiten	Thema	Passende Artikel aus Fachzeitschriften
68/69	nordamerikanische Stadt / Segregation / Detroit	Meyer, Christiane: „Stalking Detroit“ – Schrumpfung und Revitalisierung in der Motor City. In: Praxis Geographie, 03/06 Meyer, Christiane: Shrinking City – Motor City – Prozesse, Probleme und Strukturen von Detroit. In: Praxis Geographie, 03/08 Thieme, Günther und Hans Dieter Laux: Jenseits von „Black und White“ – Suburbanisierung ethnischer Minderheiten in den USA. In: Geographische Rundschau, 10/05 Frantz, Klaus: Gated Communities in Metro-Phoenix (Arizona) – Neuer Trend in der US-amerikanischen Stadtlandschaft: In: Geographische Rundschau, 01/01 Pries, Martin: Die Wiederentdeckung der Downtown New York/Lower Manhattan. In: Geographische Rundschau, 01/01 Bilingual: Schemionek, Christoph: Urban Sprawl in the United States and how Atlanta tries to stop it. In: GR international 02/06 Bilingual: Meyer Christiane und Christian Muschwitz: Detroit – The Motor City's Decline and its Revitalization. In: GR international 02/08
70/71	lateinamerikanische Stadt	Borsdorf, Axel: Landflucht als Teil der Mobilitätstransformation – Das Beispiel Lateinamerika. In: Praxis Geographie, 07/04 Wehrhahn, Rainer: Global Cities in Lateinamerika?. In: Geographische Rundschau, 04/04 Krause, Tilman: Stadtentwicklung in Rio de Janeiro (Brasilien). In: Praxis Geographie, 01/09 Mertins, Günter und Ulrich Müller: Gewalt und Unsicherheit in lateinamerikanischen Megastädten – Auswirkungen auf politische Fragmentierung, sozialräumliche Segregation und Regierbarkeit. In: Geographische Rundschau, 11/08
72/73	Globalisierung	Kulke, Elmar: Globaler Welthandel – Gründe, Merkmale und räumliche Wirkungen. In: Praxis Geographie, 07/05 Müller-Mahn, Detlef: Globalisierung: Definitionen und Fragestellungen. In: Geographische Rundschau, 10/02 Fuchs, Gerhard: Globalisierung – (mehr als) Wirtschaft ohne Grenzen. In: Praxis Geographie, 07/98
74/75	Transnationale Konzerne / Global Player / Direktinvestitionen	Fromhold-Eisebith, Martina und Günter Eisebith: Wie wird ein Industrieunternehmen zum multinationalen Konzern? – Das Beispiel DaimlerChrysler. In: Praxis Geographie, 02/03 Nuhn, Helmut: Megafusionen – Neuorganisation großer Unternehmen im Rahmen der Globalisierung. In: Geographische Rundschau, 07/01 Altenburg, Tilman: Ausländische Direktinvestitionen und technologische Lernprozesse in Entwicklungsländern. In: Geographische Rundschau, 07/01 Liefner, Ingo: Ausländische Direktinvestitionen und Wissenstransfer nach China. In: Geographische Rundschau, 05/08 Bilingual: Canfei, He, Xie Xiuzhen und Liu Jingran: Spatial Concentration and Diffusion of Foreign Direct Investment in China. In: GR international 02/07
76/77	Standortwahl / Textilbranche	Haas, Hans-Dieter und Hans-Martin Zademach: Internationalisierung im Textil- und Bekleidungsgewerbe. In: Geographische Rundschau, 02/05 Schleicher, Yvonne: Woher kommt unsere Kleidung? – Am Ende des Welttextilabkommens. In: Praxis Geographie, 07/05 Bilingual: Kamiya, Hiroo: Changing Employment Structure in the Textile Industry of Daegu. In: GR international 03/07
78/79	Finanzmarkt / Immobilienmarkt	Walther, Olivier und Christian Schulz: Finanzplatz Luxemburg – Vom „Steuerparadies“ zur Investmentfonds-Kapitale. In: Geographische Rundschau, 01/09 Schamp, Eike W.: Finanzplatz Frankfurt/Rhein-Main im Wandel. In: Praxis Geographie, 02/05 Scharmanski, André: Aus Immobilien werden Mobilien. Lokale Immobilienmärkte im Wirkungsfeld der Globalisierung – Beispiel Mexico City. In: Geographische Rundschau, 09/07 Scharmanski, André: Neue Immobilienmärkte und -standorte in Mexiko unter dem Einfluss der NAFTA. In: Geographische Rundschau, 06/09 Bilingual: Mahkrova, Alia G.: Changing Housing Markets in Russian Cities. In: GR international 01/07

Seiten	Thema	Passende Artikel aus Fachzeitschriften
80/81, 82/83	Wirtschaftströme / Fragmentierung / Internationale Arbeitsteilung	Scholz, Fred: Die Theorie der „fragmentierenden Entwicklung“. In: Geographische Rundschau, 10/02 Schamp, Eike W.: Globale Wertschöpfungsketten – Umbau von Nord-Süd-Beziehungen in der Weltwirtschaft. In: Geographische Rundschau, 09/08 Franz, Martin und Markus Hassler: Globale Produktionsnetzwerke in der Biobranche – Indisches Pfeffer für schwäbisches Biofleisch. In: Geographische Rundschau, 09/08 Nuhn, Helmut: Globalisierung und Verkehr – Weltweit vernetzte Transportsysteme. In: Geographische Rundschau, 05/07 Lenz, Barbara und Julius Menge: Organisation von Transportketten – Der Einfluss von Informations- und Kommunikationstechnologien. In: Geographische Rundschau, 05/07 Glückler, Johannes: „Service Offshoring“: globale Arbeitsteilung und regionale Entwicklungschancen. In: Geographische Rundschau, 09/08 Bilingual: Scholz, Fred: The Theory of Fragmenting Development. In: GR international 2/05
84/85, 86/87	Standort Deutschland / Standortverlagerung	Winter, Johannes: Auf nach Osteuropa – Produktionsverlagerungen in der Automobilindustrie. In: Praxis Geographie, 04/08
90/91	Tourismus	Lauströer, Andrea und Heidrun Warning-Schröder: Wenn einer eine Reise tut ... – Massentourismus als Syndrom des Globalen Wandels. In: Praxis Geographie, 04/05 Vorlaufer, Karl: Tourismus und Globalisierung in Südostasien. In: Geographische Rundschau, 12/07 Kremb, Klaus: Tourismus und Freizeitverhalten – Zur Geographie eines Massenphänomens. In: Praxis Geographie, 12/04
92/93	Thailand	Reuber, Paul: Probleme des Tourismus in Thailand. In: Geographische Rundschau, 03/03
94/95, 96/97	Liberalismus / Protektionismus / Wirtschaftsbündnisse	Kulke, Elmar: Globaler Welthandel – Gründe, Merkmale und räumliche Wirkungen. In: Praxis Geographie, 07/05 Klohn, Werner: Die EU, die WTO und die Weltagrarmärkte. In: Praxis Geographie, 02/07 Lindner, Peter: Russische Agrarpolitik zwischen Interventionismus und WTO-Beitritt. In: Geographische Rundschau, 12/06 Diez, Javier Revilla: Auswirkungen der NAFTA auf Handel und Investitionsströme. In: Geographische Rundschau, 06/09 Dannenberg, Peter: Auswirkungen der NAFTA auf die Landwirtschaft im Integrationsraum. In: Geographische Rundschau, 06/09 Bilingual: Haas, Hans-Dieter: Global Commodity Trade in Times of Crises. In: GR international 01/00
100/101	Demographischer Wandel Deutschland	Kilper, Heiderose und Bernhard Müller: Demographischer Wandel in Deutschland – Herausforderung für die nachhaltige Raumentwicklung. In: Geographische Rundschau, 03/05 Bucher, Hans Jörg und Claus Schlömer: Der Blick in die Zukunft. In: Geographische Rundschau, 02/07 Börsch-Supan, Axel: Gesamtwirtschaftliche Folgen des demographischen Wandels. In: Geographische Rundschau, 02/07

Seiten	Thema	Passende Artikel aus Fachzeitschriften
102/103	Regionale demographische Entwicklung / Migration	Kocks, Martina: Konsequenzen des demographischen Wandels für die Infrastruktur im ländlichen Raum. In: Geographische Rundschau, 02/07 Burdack, Joachim: Kleinstädte im Abseits? – Zur Entwicklung mitteldeutscher Kleinstädte nach 1990. In: Geographische Rundschau, 06/07 Bähr, Jürgen: Binnenwanderungen – Konzepte, Typen, Erklärungsansätze. In: Geographische Rundschau, 06/03 Kemper, Franz-Josef: Regionale Bevölkerungsentwicklung zwischen Wachstum und Schrumpfung. In: Geographische Rundschau, 09/04 Killisch, Winfried und Mathias Siedhoff: Probleme schrumpfender Städte. In: Geographische Rundschau, 10/05 Haug, Sonja und Stefan Rühl: Remigration von Zuwanderern in Deutschland. In: Geographische Rundschau, 06/08
104/105	Mecklenburg-Vorpommern	Friedrich, Klaus und Andrea Schultze: Abwanderungsregion Mitteldeutschland – Demographischer Wandel im Fokus von Migration, Humankapitalverlust und Rückwanderung. In: Geographische Rundschau, 06/07 Herfert, Günter: Die ostdeutsche Schrumpfungslandschaft – Schrumpfende und stabile Regionen, Städte und Wohnquartiere. In: Geographische Rundschau, 02/04 Berlin, Claudia und Monika Rulle: Demografischer Wandel und Daseinsgrundfunktionen – Erreichbarkeit von Hausärzten im Uecker-Randow-Kreis, Mecklenburg-Vorpommern. In: Geographische Rundschau, 07/09 Rummel, André: Landeshauptstadt Magdeburg – Entwicklungen und Veränderungen seit 1990. In: Geographische Rundschau, 07/05
106/107	Stadt / räumlich-funktionale Gliederung / Tertiärisierung	Adelhof, Katja: Potsdamer Platz – Wohlfühlen in der Retortenstadt. Das neue Zentrum Berlins ist ein beliebtes Konsumzentrum. In: Praxis Geographie, 09/04 Pollmann, William: Der Dresdner Neumarkt – Rekonstruktion zum neuen, alten Stadtzentrum. In: Praxis Geographie, 07/08 Lo, Vivien und Eike W. Schamp: Finanzplätze auf globalen Märkten – Beispiel Frankfurt/Main. In: Geographische Rundschau, 07/01 Meyer, Christiane: „Mainhattan" – „Bankfurt" – „Krankfurt" – Facetten der global city Frankfurt am Main. In: Praxis Geographie, 04/05 Lernkartei VII: Stadt. geographie heute 236 (2005)
108/109	City / Peripherie	Freier, Albert: Dynamik in Suburbia – Brauchen wir die Stadt noch?. In: Praxis Geographie, 11/04 Bilingual: Sedlacek, Peter: Thuringia – From the Periphery to the Center?. In: GR international 1/05
112/113	Stadt-Umland-Beziehung / Stadtregionen	Gans, Paul: Stadt und Umland: Entwicklungen, Probleme und Gestaltungsmöglichkeiten. In: Geographische Rundschau, 03/05 Wiktorin, Dorothea: Stadtregionen in Deutschland – Kennzeichen und Herausforderungen. In: Praxis Geographie, 03/07 Birkenfeld, Herbert: Hier lebt´s sich gut ... – Kleinstädte am Rande der Stadtregion Ulm. In: Praxis Geographie, 03/07 Blotevogel, Hans Heinrich: Metropolregion Rhein-Ruhr. In: Geographische Rundschau, 01/06 Krause, Karin: Rhein-Neckar – Metropolregion im Aufwind?. In: Praxis Geographie, 01/09 Bilingual: Heineberg, Heinz: Cities in Germany. In: GR international 01/05
114/115	Suburbanisierung in München	Popp, Monika: München – boomende Stadtregion mit „Schönheitsfehlern". In: Geographische Rundschau, 06/06 Stenke, Gero: Innovationsregion München. In: Geographische Rundschau, 10/08
116/117	Segregation	Wiest, Karin: Leipzig zwischen Segregation und Integration. In: Geographische Rundschau, 03/01 Kapphan, Andreas: Berlin: Stadtentwicklung und Segregation in der Hauptstadt. In: Geographische Rundschau, 09/04 Bilingual: Kapphan, Andreas: Berlin: Urban Development and Segregation in Germany's Capital. In: GR international 01/05

Seiten	Thema	Passende Artikel aus Fachzeitschriften
118/119, 120/121	Nachhaltige Stadtentwicklung / Agenda 21	Stein, Christoph: Die Zukunft unserer Städte als Unterrichtsthema – Ein Baustein zu Bildung für nachhaltige Entwicklung. In: Praxis Geographie, 11/00 Zepp, Harald und Johannes Flacke: Stadtökologie oder nachhaltige Siedlungsentwicklung?. In: Geographische Rundschau, 05/02 Hägele, Michael: Das geplante Biosphärengebiet Schwäbische Alb – Ein Planspiel zur nachhaltigen Entwicklung. In: Praxis Geographie, 09/07
124/125	Wirtschaftssektoren / Wirtschaftskraft / Standortfaktoren / Cluster	Braun, Boris: Wirtschaftsstruktureller Wandel und regionale Entwicklung in Deutschland. In: Geographische Rundschau, 05/09 Plattner, Michael: Standort-Cluster der ostdeutschen Halbleiterindustrie – Innovationsprozesse in der Systemtransformation. In: Geographische Rundschau, 07/01 Kappes, Katrin: Vom Verbundstandort zum Industriepark – Die chemische Industrie in Deutschland und Frankreich. In: Praxis Geographie, 01/06
126/127	Altindustrialisierte Gebiete / Neunkirchen (Saar) / Innovationscluster	Kühne, Olaf: Neunkirchen (Saar) – Postmoderne Raumentwicklungen in einer Altindustriestadt. In: Geographische Rundschau, 06/07 Schulz, Christian und Peter H. Dörrenbächer: Grenzraum Saarland-Lothringen – Vom Montandreieck zur Automobilregion?. In Geographische Rundschau, 12/05
128/129	Wirtschaftdynamik München	Haas, Hans-Dieter und Matthias Wallisch: Wandel des Münchner Flughafens zur „Airport City“. In: Geographische Rundschau, 10/08
130/131	Ländlicher Raum	Milbert, Antonia: Wandel der Lebensbedingungen im ländlichen Raum Deutschlands. In: Geographische Rundschau, 09/04 Wenzel, Hans-Joachim: Aussiedler: Entwicklungsimpulse für den ländlichen Raum?. In: Geographische Rundschau, 09/04 Danielzyk, Rainer und Claus-C. Wiegandt: Das Emsland – ein prosperierender ländlicher Raum. In: Geographische Rundschau, 03/05 Bilingual: Milbert, Antonia: Transformation in Rural Areas of Germany. In: GR international 01/05
132/133	Wirtschaftliche Entwicklung Ostdeutschland / „Aufbau Ost“	Gans, Paul: Deutschland (1989-2004) – ein Überblick. In: Geographische Rundschau, 09/04 Brameier, Ulrich: Aufbau Ost im Spiegel der Presse. In: Praxis Geographie, 10/00 Weigel, Oliver und Stefan Heining: Entwicklungsstrategien ostdeutscher Großstädte – Das Beispiel Leipzig. In: Geographische Rundschau, 02/07
134/135, 136/137, 138/139, 140/141	Tourismus in Deutschland	Krajewski, Christian, Paul Reuber und Günter Wolkersdorfer: Das Ruhrgebiet als postmoderner Freizeitraum. In: Geographische Rundschau, 01/06 Becker, Christoph: Neue Tendenzen bei der Errichtung touristischer Großprojekte in Deutschland. In: Geographische Rundschau, 02/00 Mayer, Marius, Manuel Woltering und Hubert Job: Tourismus und Regionalentwicklung in den Bayrischen Alpen. In: Geographische Rundschau, 10/08 Sievers, Reiner: Sylt – touristische Nutzung in Zeiten des Klimawandels. In: Praxis Geographie, 01/09 Vossen, Joachim: Hollywood in Bottrop – Warner Bros. Movie World hinterfragt. In: Praxis Geographie, 06/01 *Themheft: Tourismus. geographie heute 239 (2006)*
142/143	Raumordnung / Raumplanung	Priebs, Axel: Raumordnung und Raumentwicklung als Zukunftsaufgabe. In: Geographische Rundschau, 03/05 Aring, Jürgen: Bodenpreise und Raumentwicklung. In: Geographische Rundschau, 03/05

Hinweise:
Berücksichtigte Fachzeitschriften: Geographische Rundschau, Praxis Geographie, geographie heute
Dieser Katalog erhebt keinen Anspruch auf Vollständigkeit.

4. Hinweise zur Stoffverteilung

Vorbemerkung:
Der Aufbau von „Seydlitz/Diercke Geographie Bayern 12" basiert auf dem Lehrplan des bayerischen Kultusministeriums für die Jahrgangsstufe 12. Das Buch ist konzeptionell in seinem Umfang so erarbeitet, dass die Buchinhalte innerhalb eines Schuljahres vermittelt werden können.
Im Folgenden werden zur Übersicht die einzelnen Lehrplankapitel den entsprechenden Seiten des Lehrbuches tabellarisch gegenübergestellt. Dabei gilt folgender Aufbau:

- Auszug aus dem Lehrplan (Kapitelweise, Text: ISB München)
- Übersicht der passenden Schulbuchseiten, *Einordnung der Methodenseiten*

Stoffverteilung:
Da das Angebot an Unterrichtsstunden aufgrund unterschiedlicher Einflüsse von Schule zu Schule variieren kann, wird an dieser Stelle keine Stoffverteilung auf Stundenbasis vorgestellt. Als Vorschlag findet sich vielmehr eine Gewichtung der Lehrplankapitel, d. h. der prozentuale Anteil entsprechender Seiten im Buch.
Dabei ist zu berücksichtigen, dass das Prinzip „pro Unterrichtsstunde eine Doppelseite aus dem Buch" nur bedingt geeignet ist. Erfahrungsgemäß sollte vielmehr eine individuelle Gewichtung von Schwerpunkten und „Randthemen" die Verteilung des Lehrplanstoffes über das Schuljahr liefern. Diese basiert in der Regel auf dem Schulprofil, der Situation der Klasse und dem persönlichen Erfahrungsschatz der Lehrkraft.

Die Inhalte des Lehrplankapitels 3 (Geographische Arbeitstechniken und Arbeitsweisen) wurden im Buch verschiedenen, thematisch geeigneten, Abschnitten zugeordnet und sind *mit kursiver Schrift* in der Übersicht gekennzeichnet.
Ein Überblick über die in Leistungserhebungen verwendeten Operatoren findet sich im Schülerbuch auf der Seite 159.

Lehrplan Geographie Klasse 12:
In der Jahrgangsstufe 12 rücken kulturgeographische Themenbereiche in den Vordergrund. Die differenzierte Analyse der Entwicklungsbedingungen und die Vielfalt unterschiedlicher Entwicklungsprozesse machen deutlich, dass sich Staaten mit unterschiedlichem Entwicklungsstand zunehmend miteinander verflechten. Den Schülern wird bewusst, dass eine gesicherte Zukunft nur auf der Basis eines gemeinsamen Handelns in der Einen Welt zu erreichen sein wird. Sie lernen unterschiedliche Strategien und Maßnahmen zur Förderung dieser Entwicklung in verschiedenen Staaten kennen und bewerten diese vor dem Hintergrund einer zunehmenden Globalisierung. Durch den Vergleich ausgewählter Raumbeispiele aus unterschiedlich entwickelten Ländern vertiefen die Schüler jeweils die in den Themenbereichen 12.1.1 bis 12.1.3 gewonnenen Erkenntnisse. Vor diesem Hintergrund analysieren sie anhand aktueller Materialien raumprägende Prozesse in Deutschland und erweitern ihre zuvor gewonnenen Erkenntnisse im Heimatraum.
(ISB, München)

Überblick zu den Geographische Arbeitstechniken und Arbeitsweisen in Band 12
- Interpretation und Bewertung von Strukturdaten und Statistiken (**Buch S. 38**)
- Erstellung und Auswertung graphischer Darstellungen von statistischen Angaben (**Buch S. 38**)
- Interpretation differenzierter thematischer Karten (**Buch S. 144)**
- Strukturskizzen und graphische Darstellung von Wirkungszusammenhängen (**Band Klasse 11 S. 142**)
- Expertenbefragung (**Buch S. 122**)
- Durchführung und Auswertung von Unterrichtsgängen (**Buch S. 110**)
- Arbeiten mit geographischen Informationssystemen (GIS) (**Buch S. 14**)
- Recherche zu einem ausgewählten Aspekt in der aktuellen Diskussion (**Buch S. 89**)
- Erstellung und Präsentation der Ergebnisse einer Gruppenarbeit (**Buch S. 89**)

Geographie 12.1 – Eine Welt – Strukturen, Entwicklungswege, Verflechtungen, Globalisierung
Anhand von verschiedenen Indikatoren und damit verbundenen Klassifizierungsmöglichkeiten erkennen die Schüler, dass Staaten und Regionen der Erde unterschiedliche Entwicklungsstände aufweisen. Bevölkerungsverteilung und -entwicklung werden als wichtige Problemfelder erkannt. Die Verstädterung wird als weltweites Phänomen erfasst und die Metropolisierung in ihrer speziellen Ausprägung in Industrie- und Entwicklungsländern analysiert. Die Schüler erfahren, zu welchen Veränderungen die zunehmende Verflechtung und Globalisierung führen und überprüfen, welche Auswirkungen sich für Staaten mit unterschiedlichem Entwicklungsstand ergeben.

12.1.1 Merkmale und Ursachen unterschiedlicher Entwicklung
Die Schüler erfahren anhand ausgewählter Indikatoren, dass sich die Eine Welt aus Staaten unterschiedlichen Entwicklungsstands zusammensetzt und diskutieren verschiedene Klassifizierungen. Vor dem Hintergrund ausgewählter Entwicklungstheorien erarbeiten sie Gründe für Entwicklungsdefizite und lernen Strategien zu deren Überwindung kennen.
- Merkmale des Entwicklungsstands: Indikatoren für Entwicklung zur Differenzierung der Staaten, Abgrenzung unterschiedlich entwickelter Staatengruppen, Gliederungsschemata als Ausdruck sich verändernder Sichtweisen der Welt
- Entwicklungstheorien und -strategien: grundlegender Vergleich unterschiedlicher Theorien der Entwicklung; Wachstumsstrategie, Strategie der Armutsbekämpfung; Entwicklung durch Wachstumspole

(ISB, München)

	1.1 Merkmale und Ursachen globaler Entwicklungsunterschiede (**Anteil: 23 %**)	
S. 8 – S. 15	Disparitäten und Entwicklung	*Arbeiten mit GIS*
S. 16 – S. 25	Entwicklungstheorien	
S. 26 – S. 38	Entwicklungsstrategien	*Statistische Analysen*

12.1.2 Bevölkerungsentwicklung und Verstädterung
Die Schüler beschäftigen sich sowohl mit den Ursachen als auch mit den Folgen und Auswirkungen der Bevölkerungsentwicklung und -verteilung in Ländern unterschiedlichen Entwicklungsstands. Ferner erfassen die Schüler die zunehmende Mobilität der Bevölkerung und die daraus resultierende Verstädterung als weltweiten gesellschaftlichen und raumprägenden Prozess. Sie lernen ausgewählte Megastädte in Industrie- und Entwicklungsländern kennen, analysieren deren Probleme und diskutieren mögliche Lösungsansätze.
- Globale und regionale Bevölkerungsverteilung: Einfluss naturräumlicher und wirtschaftlicher Faktoren
- Bevölkerungsentwicklung in Ländern unterschiedlichen Entwicklungsstands: natürliche Bevölkerungsbewegung, Modell des demographischen Übergangs, Altersaufbau, Bevölkerungspolitik
- Bevölkerungsmobilität: Ursachen regionaler und grenzüberschreitender Wanderungen, Auswirkungen auf Quell- und Zielgebiete; Bedeutung internationaler Flüchtlingsströme
- Verstädterung als Entwicklungsprozess: Ursachen, Phasen der Verstädterung; Urbanisierung und Suburbanisierung, Integration und Segregation
- Städte und ihr Wandel in unterschiedlichen Kulturräumen: Stadtmodelle im Vergleich, traditionelle Stadtstrukturen und deren Wandel; Metropolisierung in Industrie- und Entwicklungsländern
- Megastädte und deren Probleme: Slumbildung und Marginalisierung, Bedeutungszuwachs des informellen Sektors; Maßnahmen zur Bewältigung des Wachstums

(ISB, München)

	1.2 Bevölkerungsentwicklung und Verstädterung (**Anteil: 23 %**)
S. 40 – S. 41	Globale Bevölkerungsverteilung
S. 42 – S. 51	Bevölkerungsentwicklung
S. 52 – S. 55	Bevölkerungsmobilität
S. 56 – S. 61	Verstädterungsprozesse
S. 62 – S. 65	Megastädte
S. 66 – S. 71	Städte und ihr Wandel in einzelnen Kulturräumen

12.1.3 Globalisierung
Die Auswirkungen der Globalisierung auf Länder unterschiedlichen Entwicklungsstands werden analysiert und beurteilt. Die Schüler lernen Formen der globalen Zusammenarbeit kennen und diskutieren Chancen und Risiken dieser Entwicklung.

- Globalisierung von Produktion und Absatz: Wandel von Unternehmensstruktur und -organisation im sekundären und tertiären Sektor; wirtschaftliche und soziale Rückwirkungen auf den Wirtschaftsstandort Deutschland
- Länder unterschiedlichen Entwicklungsstands im Prozess der Globalisierung: Stellung der Industrie- und Entwicklungsländer im Rahmen internationaler Kapital-, Rohstoff-, Waren- und Dienstleistungsströme; Chancen und Risiken der internationalen Arbeitsteilung
- Ferntourismus: Grundlagen des Wachstums, Einfluss auf Quell- und Zielgebiete; Chancen und Risiken touristischer Erschließung in Entwicklungsländern; Problem der ökonomischen, ökologischen und sozialen Tragfähigkeit an einem Raumbeispiel
- Versuche zur Steuerung des Globalisierungsprozesses: Zielsetzungen bedeutender Wirtschaftsblöcke, Diskussion der Wirksamkeit internationaler Handelsabkommen

(ISB, München)

	1.3 Globalisierung (**Anteil: 20 %**)	
S. 72 – S. 79	Globalisierung und Wandel von Strukturen	
S. 80 – S. 89	Die Länder der Erde im Globalisierungsprozess	*Gruppenpuzzle*
S. 90 – S. 93	Globalisierung und Tourismus	
S. 94 – S. 61	Verstädterungsprozesse	
S. 62 – S. 97	Versuche zur Steuerung der Globalisierung	

Geographie 12.2 Raumstrukturen und aktuelle Entwicklungsprozesse in Deutschland
Ausgehend von der Untersuchung ausgewählter demographischer und wirtschaftsgeographischer Prozesse erfassen die Schüler aktuelle Veränderungen und deren Folgen in verschiedenen Regionen Deutschlands. Sie bewerten die daraus erwachsenden Probleme und lernen Planungsinstrumente kennen.

- Raumwirksamkeit des demographischen Wandels: Ursachen und Folgen regional unterschiedlicher Bevölkerungsentwicklung; grenzüberschreitende Migration und deren Folgen
- Entwicklungen in städtischen Räumen: Tertiärisierung und deren Folgen; Wandel der Stadt-Umland-Beziehungen durch Suburbanisierung; soziale und ethnische Segregation bzw. Integration; Maßnahmen zur nachhaltigen Stadtentwicklung, Stadtumbau
- wirtschaftsräumliche Disparitäten: Neuorientierung altindustrieller Gebiete, Wirtschaftsdynamik in Wachstumsräumen, Bedeutungswandel ländlicher Räume; Ursachen und Probleme der wirtschaftlichen Entwicklung in Ostdeutschland
- Formen und regionale Bedeutung des Tourismus: Tradition und Wandel in Fremdenverkehrsregionen, nachhaltige Raumnutzung durch sanften Tourismus; Bewertung neuer Freizeitangebote und deren Standortfaktoren

(ISB, München)

	2. Raumstrukturen und aktuelle Entwicklungsprozesse in Deutschland	
S. 100 – S. 105	Der demographische Wandel in Deutschland (**Anteil 4 %**)	
S. 106 – S. 123	Entwicklungen in städtischen Räumen Deutschlands (**Anteil 12 %**)	*Unterrichtsgang* *Expertenbefragung*
S. 124 – S. 133	Wirtschaftsräumliche Disparitäten (**Anteil 9 %**)	
S. 134 – S. 141	Tourismus in Deutschland (**Anteil 6 %)**	
S. 142 – S. 145	Steuerungsinstrumente der Raumentwicklung (**Anteil 3 %)**	*Thematische Karteninterpretation*

5. Hilfreiche Internetlinks - Zusatzmaterialien für die Oberstufe und zur Abiturvorbereitung

www.allianz-umweltstiftung.de (Downloads/Lehrmaterialien) – Infomappen:
- Klimaschutz
- Klima
- Wasser
- Tropischer Regenwald
- Sonnenenergie für Schulen

(Downloads/Vorträge) – Diskussionsbeiträge:
- Ernährung, Bioenergie und Naturschutz in Konkurrenz
- Der Klimawandel und seine möglichen Folgen
- Konsum zwischen Nachhaltigkeit und Lebensfreude
- Wie sehen Urlaub und Freizeit in der Zukunft aus?

www.bmbf.de
(Der Publikationsservice bietet Informationen zu vielen Themenbereichen der Oberstufe) – Beispiele:
- Grundlagenforschung Energie 2020+
- Die Forschung zum Globalen Wandel und ihre Umsetzung
- Forschung für nachhaltige Entwicklungen
- Globaler Wandel des Wasserkreislaufes
- Herausforderung Klimawandel
- Forschung für den Klimaschutz

www.bmu.de
(Die Mediathek bietet kostenlos relevante Fotos, Kurzfilme und Publikationsmaterial.) – Beispiele:
- Kurzfilme: Auswirkungen des Klimawandels, Flow (nachhaltige Nutzung von Ressourcen)
- Bildungsmaterialien: Klimaschutz und Klimapolitik, Erneuerbare Energien, Wasser im 21. Jahrhundert, Flächenverbrauch und Landschaftszerschneidung
- Publikationen: Recycling stoppt Treibhausgase, Klimaschutzpotenziale der Abfallwirtschaft

www.dbresearch.de
Megathema Energie und Klimawandel – Beispiele:
- Klimawandel und Tourismus
- Elektromobilität
- Klimawandel und Branchen (Rückwirkungen)
- Windenergie – Deutschland weltweit führend

www.espere.net
(Unter dem Link deutsch gelangt man zum Klimainformationsprojekt für Schule und Bevölkerung.)

www.grida.no/ www.wmo.ch/ www.ipcc.ch
Englischsprachige Publikationen, Karten und Graphiken speziell zum bilingualen Unterrichten.

www.bildungsserver.de
Zentrale Informationsplattform.

www.umweltbundesamt.de
Auch das Umweltbundesamt bietet einen vielfältigen Publikationsservice an. Es empfiehlt sich, die Themenbereiche oder die Sortierungsfunktion zu benutzen. Besonders interessant dürften die jährlich aktualisierten Datensammlungen sein. – Beispiele:
- Fakten zur Umwelt 2009
- Portal: Umweltbundesamt/Daten zur Umwelt
  (Statistiken, Grafiken, Karten usw. zum Beispiel zum Demographischen Wandel in Deutschland)

www.wbgu.de
Angebot des wissenschaftlichen Beirats der Bundesregierung mit diversen Gutachten und diversen Factsheets.